FACULTÉ DE DROIT DE PARIS

DU VOL

EN DROIT ROMAIN

ET

EN DROIT FRANÇAIS

PAR

Maurice de LALAIN CHOMEL

AVOCAT A LA COUR IMPÉRIALE

THÈSE POUR LE DOCTORAT

SOUTENUE LE 25 JUIN 1868

PARIS

IMPRIMERIE DE VICTOR GOUPY

RUE GARANCIÈRE, 5.

1868

FACULTÈ DE DROIT DE PARIS

DU VOL

EN DROIT ROMAIN

ET

EN DROIT FRANÇAIS

PAR

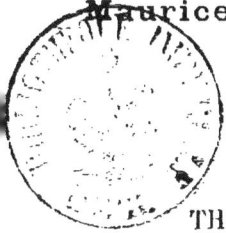

Maurice de LALAIN CHOMEL

AVOCAT A LA COUR IMPÉRIALE

THÈSE POUR LE DOCTORAT

SOUTENUE LE 25 JUIN 1868

PARIS

IMPRIMERIE DE VICTOR GOUPY

RUE GARANCIÈRE, 5.

1868

A MON PÈRE

DROIT ROMAIN

INTRODUCTION

Tous les peuples civilisés, reconnaissant et légitimant
le droit de propriété comme la base fondamentale de
toute société et comme l'élément essentiel de son existence,
ont vu dans l'atteinte dirigée contre ce droit un fait criminel, dangereux, et devant à ce double titre entraîner une
répression pénale. Mais, si les diverses législations anciennes admettent la nécessité du châtiment, elles en va-
rient l'application suivant les principes qui régissaient
l'ensemble de leur système pénal; toutefois nous devons
reconnaître qu'elles s'inspiraient assez généralement de la
loi du talion, si ce n'est pour fixer l'étendue de la peine,
du moins pour en déterminer la nature. Le voleur a porté
atteinte à la propriété d'autrui, il sera porté atteinte à son
droit de propriété, et son châtiment sera un châtiment pé-

cuniaire. La loi hébraïque, qui proclamait comme base de sa législation pénale les principes de la loi du talion, faisant souffrir au coupable le mal que celui-ci avait fait souffrir à sa victime, admettait une semblable pénalité, et même dans certains cas elle ne se contentait pas d'une peine pécuniaire, mais elle imposait au voleur la restitution d'objets de même nature que ceux qu'il avait volés : « Si ce qu'il a pris, dit l'Exode, se trouve encore vivant chez lui, soit un bœuf, soit un âne, soit un mouton, il rendra le double. — Si quelqu'un a volé un bœuf ou un mouton et qu'il l'ait tué ou vendu, il rendra cinq bœufs pour un, et quatre moutons pour un (1). »

En principe, la peine du vol était du double de la valeur de l'objet volé (2), nous trouvons donc dans ce passage deux dérogations aux dispositions communes, toutes deux introduites en faveur d'animaux qui, à raison de leur utilité pour l'agriculture ou de la place considérable qu'ils occupaient à cette époque dans le patrimoine de leur propriétaire, avaient obtenu une protection spéciale. Nous ajouterons que la première, qui substituait à une peine pécuniaire une peine en nature comprenant des animaux de même espèce que ceux qui avaient été volés, pouvait spécialement se légitimer par le tort que l'absence de ces animaux aurait causé au propriétaire, et aussi par la difficulté qu'il aurait pu y avoir à les remplacer promptement. Quant à la seconde dérogation, elle consiste à châtier plus sévèrement le voleur qui se dessaisit de l'animal qu'il a volé ;

(1) *Exode*, XXII, 4, 4.
(2) *Exode*, XXII, 7.

cette aggravation de peine peut se justifier par le danger que présente ce dessaisissement qui détourne les soupçons et rend les recherches plus difficiles, de plus c'est à ce moment que l'intention de s'approprier l'objet se manifeste avec évidence chez le voleur. D'ailleurs ces motifs auraient pu être invoqués dans toute espèce de vol, et s'ils n'ont été pris en considération que dans un cas spécial, ce fut en raison de l'importance de l'objet volé et du prix qui y était attaché.

Les premières dispositions pénales des Athéniens en cette matière se ressentirent de la législation rigoureuse de Dracon, qui rédigeait ses lois *non atramento sed sanguine*, et prononcèrent la peine de mort pour tout vol quelque minime qu'en soit l'objet. Peu à peu, nous dit Aulu-Gelle, ces lois, à cause de leur excessive rigueur, tombèrent en désuétude, et Solon, substituant une pénalité plus douce, inflige au voleur une peine pécuniaire du double ; toutefois cette atténuation ne fut pas aussi générale qu'on serait tenté de le croire, puisque Démosthènes nous rapporte que de son temps le voleur de nuit était toujours puni de mort, et le voleur de jour, lorsque la chose soustraite avait une valeur de plus de cinquante drachmes (1).

Nous trouvons encore dans cette législation une autre disposition de la loi hébraïque qui, quoique généralisée et quelque peu transformée, avait dû s'inspirer des mêmes motifs, elle consistait à infliger, au lieu d'une peine du double, une peine du décuple, toutes les fois que l'objet volé n'était point recouvré par son proprié-

(1) *Orat. in Timocr*

taire. En outre de cette pénalité pécuniaire, les juges pouvaient condamner à une amende ou à une exposition de cinq jours et de cinq nuits.

La peine pécuniaire du double est encore édictée par la loi des Douze Tables, mais seulement dans des cas spéciaux, alors que le voleur n'a pas été surpris en flagrant délit ; dans les autres cas, le châtiment est corporel et varie suivant que le coupable est homme libre ou esclave. La distinction entre ces deux espèces de vol connues sous le nom de vol manifeste et de vol non manifeste, a survécu aux réformes du préteur romain qui substitua une peine pécuniaire du quadruple à la peine corporelle reconnue trop rigoureuse ; elle se trouve encore reproduite dans la législation de Justinien.

La peine pécuniaire était donc accueillie avec faveur chez les principaux peuples de l'antiquité, et la raison en était que, d'une part, châtiant le coupable, elle produisait cet autre résultat avantageux, de dédommager le propriétaire dépossédé, en lui remettant le montant de la peine, non comme indemnité du dommage réel qui lui avait été causé, car la réparation, en pareil cas, devait être assurée par une action civile, mais comme compensation du dommage éventuel qu'il avait eu à craindre et qu'il aurait pu subir, si le voleur n'avait pas été découvert. La loi confondait donc les intérêts du propriétaire avec ceux de la société, et considérait que la société devait être satisfaite lorsque le propriétaire l'avait été.

Beccaria admet en théorie, mais en théorie seulement, le principe de la peine pécuniaire. « Un vol, dit-il, commis sans violence, ne devrait être puni que d'une peine pécuniaire. Il est juste, ajoute-t-il, que celui qui a dérobé le bien d'autrui soit dépouillé du sien (1). » Mais nous devons reconnaître qu'une semblable peine, dans son application pratique, est loin de présenter tous les caractères que l'on doit rechercher dans une pénalité bien ordonnée ; car, d'une part, comme toute peine pécuniaire en général, elle n'inspire pas à tous les coupables une crainte égale, et elle ne peut les atteindre tous indistinctement et inévitablement ; d'autre part, telle qu'elle était infligée, elle ne pouvait se mesurer sur la culpabilité de l'agent ni varier avec elle, et s'abaissant ou s'élevant, suivant la valeur de l'objet volé, elle ne puisait pas dans la criminalité de l'acte et dans les circonstances qui l'avaient accompagné ses motifs d'aggravation ou d'atténuation. Enfin nous ajouterons qu'un semblable châtiment sera le plus souvent illusoire, à raison de l'état de misère dans lequel se trouvent assez communément les voleurs. Cette dernière considération avait frappé le législateur des différents peuples, et nous voyons que chez les Hébreux la condamnation prononcée pour vol était exécutée sur la personne du coupable, qui ne pouvant payer devait être vendu (2). Les Grecs, en pareil cas, condamnaient à la peine de mort. A Rome, nous ne trouvons aucune peine spéciale, mais nous devons appliquer ici les principes du droit commun, et dire qu'il y aura lieu à l'*addictio* si le coupable n'a pas

(1) *Traité des délits et des peines*, § 30.
(2) *Exode*, XXII, 3.

satisfait à la condamnation dans le délai fixé par la loi des Douze Tables ou par le préteur.

Un autre correctif aux inconvénients que nous avons signalés dans la peine pécunaire était apporté par l'application de peines plus sévères à certains vols déterminés, accompagnés de certaines circonstances qui les rendaient plus dangereux pour la société. Solon avait conservé la peine de mort pour les vols commis dans les bains, gymnases ou lieux publics, considérant que le vol est d'autant plus dangereux, et par conséquent doit être plus sévèrement châtié, qu'il est plus facile à commettre.

La législation romaine avait aussi, dans des cas semblables, envisagé non plus seulement l'intérêt de la partie lésée, mais aussi celui de la société, et par des constitutions impériales punissait des travaux forcés ou de la rélégation, certaines catégories de vols, tels que les vols de troupeaux commis dans les champs, les vols commis dans les bains, etc. La peine de mort pouvait être, suivant les cas, prononcée, lorsqu'un exemple était nécessaire, ou dans les lieux *ubi frequentius erat id genus maleficii* (1).

Deux législations anciennes consacrent, dans certains cas, l'impunité du vol ; mais, hâtons-nous de le dire, ces peuples n'ont point voulu, en principe, méconnaitre le respect dû à la propriété et légitimer les atteintes dirigées contre elle ; ils considéraient qu'il était dans l'intérêt de la société que dans ces cas spéciaux le vol ne fût

(1) Loi 1. Pr. *De abgeis.* D. xi.vii. 14.

pas puni, et même qu'il fût encouragé, en raison de son utilité.

Aulu-Gelle nous rapporte qu'il a lu dans un livre du jurisconsulte Ariston un passage où il était dit que chez les Égyptiens tous les vols étaient licites et impunis (1). Nous ne croyons pas qu'un principe aussi absolu ait été jamais admis, mais ce qui paraît certain, c'est que chez ce peuple l'exercice du vol était une industrie autorisée et réglementée. Pour avoir le droit de s'y livrer, il fallait donner son nom au préfet des voleurs (κλεπταρχα) préposé spécialement à cet effet, et lui remettre tous les objets volés (2). Puis le propriétaire, prévenu de cette soustraction, du lieu ou du temps où elle avait été commise, devait, pour recouvrer ce qui lui appartenait, payer la restitution en donnant au voleur le quart de la valeur de l'objet détourné. La peine était donc infligée non au voleur, mais au propriétaire volé, qui ne pouvait s'en plaindre, car, ayant facilité sa propre dépossession par son incurie et sa négligence, il courait risque de perdre la chose entière si elle avait été soustraite par tout autre individu, et il devait se juger fort heureux de s'en être tiré à si bon compte. Nous devons pourtant reconnaître que le moyen de protéger le propriétaire en le dépouillant et d'empêcher le vol par la confiscation de l'objet susceptible d'être volé ne laissait pas d'être original et singulier ; et nous ajouterons que le rôle de la police à cette époque diffé-

(1) *Nuits attiques*, XI, 18.
(2) Une semblable disposition aurait été prévue et réglementée dans une loi promulguée par Osiris. Conf. A. Chomel, *Nuits parisiennes*. édit. de 1769, t. II, p. 264.

rait, en cette matière, du rôle qu'elle joue actuellement, car nous ne trouvons dans ses attributions modernes que le devoir de saisir et arrêter le voleur et non celui de le prévenir dans l'acte qu'il aurait accompli. Donneau nous rapporte qu'une semblable disposition aurait été en vigueur dans la ville de Paris et y aurait rendu de très-grands services (1).

A Sparte, Lycurgue, qui, dans l'ensemble de sa législation, n'envisageait que les intérêts politiques de l'Etat, ne dirigea l'éducation de la jeunesse que dans le but de la rendre apte au service militaire, développant chez elle la force et la vigueur corporelle, et l'habituant par un exercice fréquent aux fatigues et aux labeurs de la guerre. Pour forcer les jeunes gens à veiller la nuit, à dresser des embûches et à inventer des ruses de toute espèce, il imagina de leur faire donner fort peu de nourriture, leur imposant la nécessité d'y suppléer par le vol. S'ils avaient eu l'adresse de dérober sans être surpris, leur récompense était l'impunité et le droit de s'approprier les objets volés; si au contraire ils avaient été arrêtés en flagrant délit, ils étaient condamnés à la peine du fouet et au jeûne, non pour avoir détourné le bien d'autrui, mais pour avoir maladroitement agi. Une semblable disposition ne légitimait donc pas le vol en principe, elle n'était fondée que sur des raisons purement politiques, et ne s'appliquait qu'aux adolescents *non ob turpia lucra*, nous dit Aulu-Gelle, *neque ad sumptum libidini præbendum comparandamve opulentiam, sed pro exercitio disciplinaque rei bellicæ* (2).

---

(1) Donneau, *De jure civili*, **xv**, 30. *En note.*
(2) *Nuits attiques*, **xi**, 18.

Nous verrons, dans le courant de cette étude, par la comparaison des deux législations romaine et française, que si notre droit, comprenant mieux le but et la portée de toute répression pénale, a déterminé avec plus de justice et plus de raison l'étendue et la nature des peines infligées au vol, il s'est rapproché à de nombreux égards des décisions romaines dans la définition qu'il donne de ce délit, et dans tout ce qui concerne ses éléments constitutifs. La loi romaine différait encore profondément de notre législation actuelle en ce que l'action de vol n'était pas intentée au nom de la société et par ses représentants, mais au nom de la partie lesée et par elle seule ; celle-ci pouvait y renoncer ou même transiger sur cette action, et désarmer ainsi, à sa volonté, la société qui, malgré l'intérêt qu'elle avait au châtiment du voleur, ne lui infligeait dans ces cas que la peine de l'infamie.

CHAPITRE I

DES ÉLÉMENTS CONSTITUTIFS DU VOL

Les éléments du *furtum* romain sont énumérés d'une manière très-complète dans cette définition du jurisconsulte Paul, insérée au Digeste : « *Furtum est contrectatio rei fraudulosa, lucri faciendi causa, vel ipsius rei, vel etiam usus ejus, vel possessionis* (1). » Nous y trouvons énoncées avec clarté les conditions essentielles pour l'existence du *furtum* : en premier lieu, la *contrectatio*, condition toute matérielle; en second lieu, l'intention frauduleuse de s'enrichir aux dépens d'autrui, élément purement moral; enfin un objet susceptible d'être volé.

Paul, dans ses *Sentences*, nous donne une autre définition du vol, moins complète et moins exacte que la première, envisageant le vol d'une façon générale, tel qu'il peut résulter des notions du droit naturel, et tel qu'il existe actuellement d'après notre droit moderne : *Fur est qui dolo malo rem alienam contrectat* (2). Ici, Paul n'exige plus que le vol soit motivé par le gain, puisqu'il ne parle que du dol, et il écarte le vol de possession ou d'usage.

(1) Loi 1, D., *De furtis*, XLVII, 2.
(2) Liv. II, tit. 34, § 1, *Sentences de Paul.*

Sans nous arrêter aux nombreuses controverses qui se sont élevées parmi les jurisconsultes et leurs interprètes, sur le point de savoir quelle était l'étymologie du mot *furtum*, nous allons examiner successivement chacune des conditions indiquées comme éléments constitutifs du vol dans la première définition de Paul.

SECTION I

Contrectatio.

La *contrectatio* était une sorte de main-mise, acte matériel résultant du fait d'avoir touché un objet, sans qu'il soit nécessaire de supposer son déplacement; il fallait donc un commencement d'exécution, clair, évident pour tous, facile à constater et faisant présumer l'intention frauduleuse d'enlever l'objet et d'en faire son profit. D'ailleurs, bien que le montant de l'action *furti* soit une peine, cette peine est calculée sur l'importance du préjudice causé, et ce préjudice ne peut résulter que de la *contrectatio.*

Cette condition était de rigueur dans tous les cas, quelque évidente qu'eût été l'intention, et quand même elle eût été constatée par des paroles ou des écrits (1). C'est ainsi que celui qui entre dans une chambre avec l'intention de commettre un vol, et se trouve arrêté avant d'avoir pu mettre la main sur l'objet, ne pourra être tenu

(1) Loi 52, § 13, h. t.

suivant les cas que de l'action d'injures ou de l'action de violence (1). Il en sera de même pour celui qui vend sciemment un esclave appartenant à autrui, pourvu qu'il ne l'ait point touché ; cet esclave ne sera point furtif, si l'acheteur est de bonne foi, et pourra être usucapé, c'est un des cas rares où une chose mobilière peut être usucapée (2).

Paul nous dit aussi que la simple négation d'un dépôt ne constitue pas un vol (3). Celse confirme ce principe dans ce passage : *Nec enim furtum est ipsa inficiatio, licet prope furtum est* (4). Le vol ne sera consommé que quand le dépositaire aura dissimulé l'objet pour se l'approprier ; cependant Celse (5) paraît s'écarter du principe posé par Paul, d'après lequel l'intention seule de s'approprier un objet ne suffit point pour constituer le vol, puisqu'il nous dit qu'il y a vol de la part du dépositaire, qui a l'intention de s'approprier le bijou déposé, bien qu'il ait, par exemple, laissé ce bijou dans le coffre qui le renfermait. Ulpien nous dit encore qu'un créancier qui a reçu le montant de ce qui lui est dû, refuse de rendre l'objet donné en gage, commet un vol (6). Dans ces cas, les jurisconsultes paraissent ne pas supposer d'attouchement matériel, peut-être considèrent-ils que la possession de l'objet équivaut à un attouchement matériel, ou présument-ils, et nous inclinons, avec Pothier, pour cette

(1) Loi 21, § 7, h. t.
(2) Loi 6, liv. VI, t. II, Code, *De furtis.*
(3) Loi 1, § 2, h. t.
(4) Loi 67, Pr. h. t.
(5) Loi 67, Pr. h. t.
(6) Loi 52, § 7, h. t.

interprétation, que le dépositaire et le créancier pour dissimuler l'objet ont dû nécessairement le toucher, et dans la loi 67 Celse exigerait le contact non pas de l'objet volé, mais de ce qui le contient.

La *contrectatio* ne peut d'ailleurs donner naissance au vol que si elle amène une interversion dans la possession de l'objet ; ainsi, un esclave détourne un objet compris dans son pécule, le vol ne sera consommé que lorsque l'objet sera remis à un autre individu, car tant que la chose reste dans son pécule, elle reste en la possession da maître (1).

Du moment qu'une chose forme un tout indivisible, le vol d'une de ses parties constitue le vol de la totalité (2) ; il n'en serait pas ainsi, dit Ulpien, si la chose était susceptible de division sans dommage ni détérioration. Offilius soutenait que si dans un tas de blé un seul boisseau était volé, il y aurait vol de la totalité, et Trébatius, pour soutenir ce système, s'appuyait sur cette idée bizarre que celui qui a touché l'oreille de quelqu'un, a touché le corps tout entier. Ulpien n'admet point cette opinion et n'autorise l'action que pour la partie soustraite ; et en effet ne peut-on pas répondre à Thébatius que, dans le cas qu'il suppose, l'objet formait un tout indivisible et ne peut être assimilé à un objet aussi divisible qu'un tas de blé dont on peut toucher une partie sans que pour cela on l'ait touché tout entier (3).

Il est de principe que la *contrectatio* doit émaner du

(1) Loi 56, § 3, h. t.
(2) Loi 22, § 2, h. t.
(3) Loi 21, Pr. h t.

voleur, ou de son esclave agissant sur son ordre. Le vol
ne pourrait donc être commis par mandataire, à moins
que l'acte n'eût été commis en présence du mandant ;
ainsi l'action de vol est donnée contre celui qui, sans
être créancier, délègue à un tiers celui qui se croyait
débiteur et assiste au payement de la somme (1).

Quand la *contrectatio* a une fois donné naissance au
vol, des contacts postérieurs n'offrent plus aucun intérêt,
et n'apportent aucune modification à l'action de vol primitive : *assidua contrectatione furis non magis actio
furti nasci potest* (2). En effet, la chose restant entre les
mains du voleur, il ne peut y avoir une nouvelle interversion de possession, lorsque le voleur se sert de la chose ;
et de ce principe, nous tirons cette conséquence que si
le voleur perd la possession de la chose et s'en empare
une seconde fois, ce nouvel acte constitue une nouvelle
action de vol. Une autre exception au principe de la loi 9
est posée par la loi 66, § 1 : il peut arriver que le premier vol une fois commis, et la chose ne cessant point
d'être possédée par le voleur, la personne du propriétaire vienne à changer ; dans ce cas, le voleur restera
tenu de l'action primitive à l'égard du propriétaire précédent, et sera tenu d'une action nouvelle à l'égard du
nouveau propriétaire (3) ; ainsi un objet volé a été légué,
l'héritier conservera l'action qu'il tient du défunt, et le
légataire devenu propriétaire aura une autre action qui
lui sera propre. La loi 85 *de Furtis* n'est pas contraire

(1) Loi 43. § 2, h. t.
(2) Loi 9, Pr. h. t.
(3) Loi 56, Pr. h. t.

à cette disposition, bien qu'elle refuse au légataire l'action de vol, car elle suppose que le légataire n'est que créancier, et il est de règle qu'un créancier ne peut avoir l'action *furti*. Ce principe est d'ailleurs logique et équitable, puisque la peine, étant calculée sur le préjudice causé, doit se répéter en faveur de quiconque a été lésé.

SECTION II

Intention.

Le vol ne peut exister que s'il y a eu intention de voler, ce qui signifie que l'acte a dû être accompli dans un but frauduleux, et dans le dessein d'en tirer profit, double condition qui n'est point exigée pour l'action de la loi Aquilia, dont une simple faute rend passible.

Le but frauduleux consiste dans la certitude où l'on est d'agir contre le gré du propriétaire de l'objet qui est soustrait ; si on a donc pu penser que le propriétaire ne s'opposerait pas à cet acte, toute fraude disparaît : ainsi, un dépositaire se sert d'un objet déposé en ses mains, un commodataire fait de la chose prêtée un usage autre que celui antérieurement convenu, mais tous deux, ils ont pensé pouvoir agir ainsi, sans aller contre l'intention du propriétaire, ils n'auront point à craindre l'action de vol, quand même le propriétaire refuserait de ratifier ces actes (1). Seul, le commodataire pourrait être

_____

(1) Loi 76, Pr.; loi 46, § 7, h. t.

tenu de l'action *commodati*, dans ce cas; car, puisqu'il est tenu de sa faute, on devra rechercher si, d'après les circonstances, il y a eu faute de sa part à présumer le consentement du propriétaire ; quant au dépositaire, il ne peut même pas avoir à craindre l'action de dépôt, puisqu'il ne répond que de son dol, et il n'a pu y avoir dol à accomplir un acte qu'il croyait permis (1).

De même, on peut dire que celui qui se croyant propriétaire d'une chose, en use ou la vend, ne commettra point un vol, pourvu que son erreur soit excusable : ainsi l'usufruitier qui assimilant le part d'une esclave au croît d'un animal, le considère comme sa propriété et le vend, ne commettra pas un vol (2).

On peut encore citer celui qui, en qualité d'héritier, prend possession d'un esclave qu'il croit faire partie de la succession d'un homme qu'il croit mort (3), ou encore l'héritier qui trouvant dans la succession du défunt des objets détenus à titre de dépôt ou de prêt, s'en est cru propriétaire, et en a disposé (4).

La ratification, par le propriétaire ou le possesseur, d'une soustraction commise même de mauvaise foi, fait disparaître tout caractère délictueux, d'après ce principe : « *Scienti et volenti non fit injuria.* » Ulpien rapporte que Pomponius n'admettait pas cette opinion qui avait néanmoins prévalu et qui se trouve dans les Institutes (5).

(1) Loi 76, Pr. h. t.
(2) *Institutes*, II, 6, § 5, *de Usucapionibus*.
(3) Loi 83, Pr. h. t.
(4) *Institutes*, II, 6, § 4, *de Usucapionibus*.
(5) Loi 46, § 8, h. t.; § 8, *Institut. ejusd. titul.*

Mais, comme on ne peut présumer le consentement du propriétaire, celui-ci sera censé le refuser, toutes les fois qu'il n'aura point exprimé sa volonté (1), à moins, dit Labéon, que le vol ne lui soit connu ; et Paul remarque que cette dernière décision ne devrait point être admise, si le silence du propriétaire pouvait s'expliquer par l'impossibilité d'empêcher le fait, ou même par une simple crainte révérentielle (2). Si le consentement est obtenu par dol, quoique vicié, il n'en existe pas moins, et il suffit pour écarter toute action de vol : ainsi un esclave prétend qu'il est libre, un fils de famille, qu'il est père de famille, pour se faire prêter de l'argent, un emprunteur affirme sa solvabilité, un autre qu'il va employer les sommes empruntées à acheter des marchandises (3). Ces différentes manœuvres ne donnent point lieu à l'action de vol, mais à l'action de *dolo malo*, car on peut dire que dans ces cas il y a eu remise volontaire.

Il n'en serait pas ainsi, toutes les fois que le propriétaire a été trompé sur la personne à qui il a remis un objet ; les jurisconsultes introduisaient ici la distinction posée en matière de contrats entre l'erreur sur la substance et l'erreur sur les qualités accessoires (4). Plusieurs textes en donnent des exemples : ainsi, un faux procureur se présente sous le nom du véritable, et reçoit l'argent qui devait être remis à ce dernier (5). Je voulais prêter à Titius qui est riche, et vous m'amenez un autre

(1) Loi 48, § 3, h. t.
(2) Loi 91, h. t.
(3) Loi 52, § 15 ; loi 43, § 3, h. t.
(4) Loi 43, § 3, h. t.
(5) Loi 80, § 6, h. t.

Titius qui est pauvre, en le faisant passer pour celui qui est riche ; si Titius est de mauvaise foi, il commet un vol (1). Dans ces deux cas le propriétaire n'a point voulu transférer la propriété au faux procureur ou au Titius pauvre, mais au véritable procureur ou au Titius riche ; il n'y a donc pas eu consentement de sa part à cette translation de propriété. Neratius admet une exception à ce principe, il distingue suivant que le débiteur a voulu transférer la propriété des écus au créancier ou au procureur ; dans le premier cas, il y aura vol, car le débiteur retient la propriété jusqu'au moment de la remise faite à son créancier ; dans le second cas, ajoute Nératius, le propriétaire a consenti a perdre la propriété de son argent entre les mains du faux procureur, il ne peut donc pas y avoir vol (2). Cette distinction ne semble pas admise et paraît contraire aux différentes décisions des jurisconsultes que nous avons rapportées plus haut, et qui reconnaissent qu'il y a lieu à l'action de vol, lorsque la chose est remise même volontairement par le propriétaire à un faux procureur. Il est conforme à ces principes de dire que celui qui donne sa propre chose, croyant qu'elle appartient à celui qui la reçoit, ne consent point à s'en dépouiller, et que celui-là qui de mauvaise foi l'accepte commettra un vol (3).

Au contraire, le consentement du propriétaire, donné en connaissance de cause, efface toute idée de vol ; toutefois, Justinien nous signale une exception qu'il apporte à ce principe dans une espèce qui avait soulevé de nom-

(1) Loi 52, § 21, h. t.
(2) Loi 43, § 1, h. t.
(3) Loi 44, § 1, h. t.

breuses controverses (1). Vous engagez mon esclave à me voler, l'esclave me prévient, et je l'autorise à prendre des objets et à vous les porter. Pourrais-je intenter contre vous l'action *servi corrupti* et l'action de vol ? Justinien nous rapporte que parmi les jurisconsultes, les uns refusaient les deux actions, d'autres accordaient l'action de vol, refusant l'action *servi corrupti*. La première de ces décisions était la plus conforme aux principes, car l'esclave n'avait pas été corrompu, et la soustraction autorisée par le propriétaire n'a pu constituer un vol. Néanmoins, Justinien admet une opinion plus radicale, il permet d'intenter les deux actions, et, sans s'arrêter à des raisons juridiques, il justifie sa décision en disant qu'on ne peut laisser un crime semblable impuni et encourager ainsi ceux qui corrompent les esclaves.

Nous avons déjà dit que, pour constituer un vol, l'intention frauduleuse ne suffisait pas, et qu'il fallait en outre la volonté de tirer un profit de l'objet qui est enlevé ; en conséquence, celui qui a agi par méchanceté, par vengeance, dans la pensée de causer un dommage à autrui, ou encore *per lasciviam juvenilem*, ne pourra être poursuvi par l'action de vol, mais par l'action d'injures ou de la loi Aquilia, pour réparer le tort qu'il a p u causer.

Mais peu importe qu'on veuille tirer un profit pour soi-même ou n'avoir en vue que l'intérêt d'un tiers, il y aura néanmoins vol dans ce dernier cas, car, dit Gaius, c'est faire un profit réel que de faire des largesses aux autres (2).

---

(1) *Inst.* IV, 4, § 8. — Loi 20, Code, *de Furtis*, VI, 2.
(2) Loi 54, § 4, h. t.

On peut supposer que le vol d'une esclave a été commis pour satisfaire la passion du libertinage; mais Ulpien exigeait, pour qu'il n'y eût pas vol, que la femme fût *meretrix*, car il est présumable dans ce cas que la cause du rapt a été la *libido* plutôt qu'un vol proprement dit ; et Ulpien ajoutait que celui qui brise les portes d'une *meretrix*, *libidinis causa*. et qui involontairement donne à des voleurs accès dans la maison, ne peut être condamné pour vol (1). Paul semble contredire le principe posé par Ulpien dans ce passage (2) : *Qui meretricem libidinis causa rapuit et celavit. eum quoque furti actione teneri placuit*. Mais nous pensons avec Pothier que ce texte ne peut s'appliquer à la *meretrix*, et que nous devons, ajoutant la négation, lire ainsi : *Qui non meretricem*. Cette correction se justifie par un autre texte où Paul considère comme voleur le ravisseur d'une esclave qui n'est point *meretrix*, lors même qu'il ne prétendrait l'avoir enlevée que pour satisfaire son libertinage, et où il semble faire la même distinction qu'Ulpien, par le soin qu'il prend de relever cette circonstance que l'esclave dont il s'agit n'était point une *meretrix* (3). Pothier justifie cette présomption, fondée sur la moralité de l'esclave, en disant que sans elle tous les voleurs d'une esclave non *meretrix* auraient prétexté le libertinage pour échapper à l'action de vol. Certains auteurs, entre autres Thaumacius, ont voulu placer ainsi la négation : *Qui meretricem non libidinis causa*, et, ne posant aucune pré-

(1 Loi 39, h. t.
(2) *Sent,*. II. 31, § 12.
(3) Loi 82, § 2, h. t.

somption, laisser aux juges le soin d'apprécier. Pothier
rejette cette interversion comme n'étant point conforme
au principe posé par Ulpien, qu'il considère comme absolu.

Les personnes qui n'ont point conscience de leurs actes
ne peuvent avoir l'*affectus furandi* ni l'intention coupable, et ne peuvent par conséquent pas être passibles de
l'action de vol. L'*impuber*, sans qu'on doive distinguer
s'il est ou non sous la puissance paternelle, ne peut en
principe être responsable de ses délits, que s'il est *puber-
tati proximus* (1).

Quelques-uns de nos anciens auteurs ont soutenu que
l'extrême nécessité devait excuser le vol, mais une semblable opinion ne trouve au *Digeste* aucun texte sur lequel elle puisse s'appuyer.

SECTION III

DE L'OBJET DU VOL

Les choses mobilières seules peuvent faire l'objet d'un
vol ; ce principe admis dans le très-ancien droit, avait
été contesté par l'école des Sabiniens, qui, s'appuyant
sur ce que le commodataire pouvait commettre un vol à
l'égard de la chose prêtée, soutenaient qu'un déplacement de fait n'était point nécessaire. Aulu-Gelle nous
rapporte en effet que Sabinus avait condamné à la peine
du vol un fermier qui, locataire d'un fonds, avait vendu

(1) Loi 23, h. t.

ce fonds (1). Mais les Proculiens firent prévaloir une doctrine contraire, en se fondant sur l'étymologie du mot *furtum (ferre, emporter)* (2).

On peut assimiler aux immeubles les objets d'un poids tel qu'ils ne peuvent être déplacés par celui qui les touche; ainsi le fait par un voleur de toucher un *involucrum* qu'il ne peut enlever, ne peut constituer un vol de tous les objets qui y sont renfermés, et bien qu'il puisse les enlever tous, après les avoir retirés de l'*involucrum*, il ne sera tenu de l'action du vol que pour les objets qu'il aurait détournés. Et en sens contraire, si nous supposons que ce qui contient les objets est susceptible d'être emporté, du moment que cette enveloppe a été touchée, il y aura vol de tous les objets qui y sont contenus, même de ceux que le voleur n'avait point l'intention de détourner (3).

Aucun doute ne s'est élevé sur la question de savoir si l'on peut voler ce qui est détaché du fond, comme des arbres, des fruits ou du sable, ces différents objets sont devenus meubles par le fait de leur séparation, et par conséquent susceptibles de vol (4).

L'objet d'un vol doit appartenir à quelqu'un, sans quoi le soustrayant en serait devenu réellement propriétaire par droit d'occupation, et malgré sa mauvaise foi. Ainsi, on peut s'emparer impunément des choses *nullius* : un essaim d'abeille s'arrête sur un arbre de votre fonds, celui qui les enlève ou en recueille le miel use du droit ac-

---

(1) Aulu-Gelle, *Nuits attiques*, XI, 18.
(2) Loi 25, Pr. h. t. — *Institutes*, II, 6, *de l'usucap.*, § 7.
(3) Loi 21, § 8, h. t.
(4) Loi 25, § 2, h. t.

cordé à tout premier occupant. Il en est ainsi du gibier
tué sur le fonds d'autrui, et s'il n'était que blessé par le
chasseur, il ne lui appartiendrait que lorsqu'il en aurait
pris possession, et jusqu'à ce moment quiconque s'en em-
parerait ne commettrait point un vol; ce fut du moins l'o-
pinion émise par Justinien et qui avait été combattue par
Trebatius (1).

Le principe qui refuse toute action dans les cas précédents s'appliquera toutes les fois que la chose trouvée
à terre a été abandonnée par son propriétaire, car si nous
adoptons l'opinion des Sabiniens, nous dirons que cette
chose, par le fait de l'abandon, est devenue *res nullius* (2), et si nous suivons celle des Proculiens, nous devrons considérer le fait de l'abandon comme une tradi-
tion volontaire à une personne incertaine; or, dans ces
deux cas, un vol ne peut être commis, alors même que la
chose aurait été recueillie dans l'intention d'en faire son
profit contre le gré du propriétaire (3).

De même nous ne donnerons point l'action du vol contre celui qui s'approprie de bonne foi un objet qu'il a cru
abandonné de son propriétaire, Et, pour écarter tout
soupçon d'intention frauduleuse, Ulpien conseille à celui
qui a ramassé ce qu'il trouvait à terre de faire afficher
et proclamer par héraut qu'il est détenteur de l'objet
perdu (4).

Appliquerons-nous ces décisions aux objets trouvés

(1) *Inst.*, § 13, II, 1.
(2) Loi 43, § 5, h. t.
(3) Loi 43, § 6, h. t.
(4) Loi 43, § 7, h. t.

dans la mer ? Ulpien recherche si celui qui a jeté du
navire un objet qui lui appartenait, a dû penser qu'il
périrait, dans ce cas il présume qu'il y a eu abandon
de la propriété, et la chose devient *res nullius*; mais le
propriétaire a-t-il conservé l'espérance de recouvrer cet
objet, il en a retenu la propriété, et pourra intenter
l'action de vol contre quiconque aura voulu se l'approprier (1). Cette opinion ne semble pas admise (2) par les
différents jurisconsultes qui ont traité cette question;
Javolenus, Julien, Gaius et Paul, pensent que ceux qui
jettent à la mer des marchandises au milieu d'une
tempête, ne peuvent être considérés comme ayant voulu
en perdre la propriété. Hotoman et Ferrières reconnaissent qu'Ulpien diffère d'opinion avec les autres
jurisconsultes. Connanus essaie de les concilier en disant
que Gaius et Julien supposent que les marchandises ont
été jetées près du rivage, cas où, même suivant Ulpien,
le propriétaire a dû conserver son droit sur elles, puisqu'il a dû espérer les recouvrer. Cette explication ne nous
paraît pas conforme aux textes dont les expressions sont
générales et prévoient tous les cas; enfin cette présomption posée par Ulpien est contraire aux intentions et à
la pensée du propriétaire qui, malgré des craintes légitimes, conserve toujours l'espérance de recouvrer ce dont
il s'est dépouillé par nécessité.

Quelques anciens jurisconsultes avaient d'abord admis
que le détournement d'objets faisant partie d'une hérédité

(1) Loi 43, § 11, h. t.
(2) Loi 9, § 8, liv. XLI, tit. 1. Loi 2, § 8. Loi 8, liv. XIV, tit. 2. —
Inst., II, tit. 1, § 10.

jacente pouvait constituer un vol (1), mais un principe
contraire fut plus tard unanimement reconnu, et on
substitua à l'action *furti* une action *expilatæ hæreditatis*, poursuivie *extra ordinem* à Rome, devant le préfet
de la ville, et en province, devant les présidents; la
peine était du double de la valeur des objets détournés,
et l'usucapion de ces objets était permise (2). Cette
action était donnée au cas de détournement de choses
héréditaires non-seulement jusqu'à l'adition de l'hérédité,
mais jusqu'à la prise de possession par l'héritier.

Comment devons-nous expliquer ce principe qui
écarte l'action de vol, et qui la remplace par une autre
action presque identiquement semblable? Quels motifs
pouvons-nous en donner? Devons-nous dire qu'il ne
peut y avoir vol, que lorsque l'objet détourné était
possédé par quelqu'un, comme semble le dire Scævola (3), et appliquer ce principe aux choses faisant
partie d'une hérédité jacente qui ne sont l'objet d'aucune
possession? Mais nous répondrons que ce principe
n'est pas toujours exact, puisqu'on commet un vol
en s'appropriant des objets perdus ou jetés dans
la mer, sur lesquels le propriétaire a perdu toute
possession. Nous croyons donc que la soustraction
d'une chose héréditaire possède tous les éléments d'un
véritable *furtum*, mais, dans un but religieux et pour
hâter l'adition de l'héritier et sa prise de possession, les
Romains permettaient l'usucapion de ces objets par

(1) Loi 6, liv. XLVII, tit. 19, D.
(2) Loi 2, § 1 et loi 6. liv. XLVII, tit. 19. D. *Pauli Sent.*, II, 31, § 11.
(3) Loi 1, § 15, liv. XLVII. tit. 4, D.

quiconque s'en était emparé, et comme ils effaçaient le caractère essentiel du *furtum* qui est de rendre impossible toute usucapion, ils écartaient par là même l'action *furti*. Pendant un certain temps aucune peine ne fut infligée à ceux qui détournaient des objets de la succession, ce ne fut que plus tard que Marc-Aurèle introduisit le *crimen expilatæ hæreditatis*.

Nous devons signaler une dérogation au principe que nous venons d'émettre, et donner à l'héritier l'action de vol, dans tous les cas où les choses faisant partie d'une hérédité jacente se trouvent en la possession d'un commodataire, d'un créancier gagiste, d'un locataire ou d'un usufruitier (1). On avait aussi admis que si un détournement avait lieu après la mort du locataire ou du créancier gagiste, mais avant l'adition de l'hérédité, le propriétaire pourrait intenter l'action de vol, alors que les héritiers de ce locataire ne le pourraient pas (2). Parmi les différentes solutions données par les jurisconsultes sur cette matière, une d'entre elles mérite d'attirer notre attention (3). Un esclave dont l'usufruit a été légué est volé à un moment où l'usufruitier, qui avait pouvoir d'en user et d'en jouir, n'avait pas encore détenu l'objet, l'usufruitier aura l'action *furti;* mais l'héritier, n'ayant pas encore pris possession, n'aura droit qu'au *crimen expilatæ hæreditatis.* La loi se montre donc plus sévère pour l'héritier que pour l'usufruitier, puisqu'elle ne donne au premier l'action *furti* que du moment où il a possédé, condition

(1) Loi 68, 69, 70, h. t.
(2) Loi 14, § 14, h. t.
(3) Loi 35, *de Usurpationibus* liv. XLI, tit. 3. D.

qu'elle n'exige pas de l'usufruitier ; cette rigueur de la loi s'explique par son désir de hâter, dans un but religieux, l'adition de l'hérédité et sa prise de possession, comme nous l'avons fait remarquer plus haut.

L'homme libre, en principe, n'est point susceptible d'une possession produisant des effets juridiques; toutefois, du temps de Gaius (1), par respect pour l'autorité paternelle ou maritale, ou en considération des droits qui pouvaient résulter contre certaines personnes, du jugement qui les avait condamnées ou du serment qu'elles avaient prêté, on donnait l'action de vol soit au père, soit au mari, soit au créancier, soit au *ludi magister* contre celui qui leur avait volé un fils, une femme *in manu*, un *judicatus* ou un *auctoratus*. Sous Justinien, l'action *furti* ne pouvait plus être donnée que dans le premier cas (2). D'ailleurs cette action donnée au père comme corollaire de sa puissance paternelle fut de tout temps refusée à la mère (3).

Le vol d'une personne libre peut donner lieu au *plagium ex lege Fabia*, il entraînait une condamnation *in metallum* (4).

La plupart du temps, le vol ne se conçoit qu'à l'égard de la chose d'autrui : ainsi, le propriétaire qui a prêté sa chose peut la reprendre au commodataire sans que ce dernier ait droit à l'action de vol; car, dit Paul, le commodataire ainsi privé de la chose se trouve libéré de l'action

(1) *Com.*, III, § 119.
(2) Loi 14, § 13. Loi 37, h. t. *Inst.* IV, 1, § 9.
(3) Loi 38, h. t.
(4) *De Lege Fabia de Plagiariis*, liv. XLVIII, tit. 15, D.

de commodat, et il n'a aucun droit à opposer au propriétaire (1), à moins que, par suite d'impenses, il ne puisse
invoquer un droit de rétention. Le propriétaire pourra
donc aussi reprendre l'objet qui lui aura été volé; mais si
cet objet avait été vendu, il commettrait un vol en enlevant la somme d'argent reçue en échange, car elle est la
propriété du voleur (2).

Nous avons jusqu'à présent supposé que le propriétaire avait sur la chose qu'il reprend un droit de propriété plein et entier, il pourrait arriver que ce droit fût
restreint en quelques-uns de ses attributs, et qu'il fût privé
de l'usage ou de la possession ; le propriétaire commettrait alors un *furtum usus* ou un *furtum possessionis* s'il
s'emparait de la chose en méconnaissant ces droits aliénés,
si, nu propriétaire, il détournait un objet grevé d'usufruit,
si, débiteur, il reprenait la chose qu'il avait donnée en
gage (3). La soustraction commise au préjudice d'un
possesseur de bonne foi peut constituer un vol toutes
les fois qu'un droit de rétention peut être invoqué contre
la revendication du propriétaire (4).

Africain nous rapporte qu'un fermier, qui, malgré la
clause par laquelle, suivant l'usage, il avait engagé au
créancier les récoltes à venir, les déplace clandestine-
ment ou les vend à un acheteur, qui en prend livraison,
se rend coupable d'un vol de possession en privant le
maître d'un gage qui lui appartient ; mais, dans le cas

---

(1) Loi 15, § 2. Loi 59, h. t. Loi 8. *Commodati* liv. XIII, tit 6. D.
(2) Loi 48, § 7, h. t.
(3) Loi 15, § 1. Loi 20, § 1, h. t.
(4) Loi 53, § 4, h. t. *Com*. III, Gaius, § 200.

où ces fruits seraient vendus sur pied, nous nous trouvons en présence d'un *furtum rei*, et non pas seulement d'un *furtum possessionis*, en effet, au moment de la vente, les fruits encore pendants appartiennent au propriétaire, le fermier a donc vendu la chose d'autrui, *invito domino*, et l'acheteur, s'il est de mauvaise foi, a commis un vol. Pothier prétend que, dans ce cas, pour qu'une semblable décision puisse être donnée, il faut supposer qu'il y a eu constitution de gage, sans quoi la vente de ces fruits encore sur pied est licite, comme ayant eu lieu avec le consentement tacite du propriétaire qui ne pouvait s'opposer à une pareille vente (1).

On peut encore citer des cas nombreux de vol d'usage, ainsi celui d'un foulon qui fait usage des étoffes qui lui sont confiées, la violation d'un dépôt par le dépositaire qui se sert de l'objet déposé, ou du contrat de commodat par le commodataire emmenant un cheval dans un lointain voyage, alors qu'il avait été prêté pour une courte promenade (2).

(1) Loi 61, § 8, h. t.
(2) Loi 82, h. t. *Institutes*, IV, 1, § 6 et § 7.

CHAPITRE II

DES ACTIONS QUI NAISSENT DU VOL

Le législateur romain avait institué contre le voleur une double catégorie d'action, l'action *furti*, action pénale, donnée comme châtiment du délit, et la *condicio furtiva*, action civile qui constituait le voleur débiteur de l'objet et avait pour but d'indemniser le propriétaire du dommage que lui avait causé la perte de la chose. Le propriétaire peut, en outre, s'il le préfère, renonçant à la *condictio furtiva*, intenter les actions en revendication ou *ad exhibendum*, qui lui appartiennent indépendamment du vol. Nous examinerons en premier lieu l'action *furti*, en indiquant quelle est sa pénalité, à qui et contre qui elle est donnée, et en second lieu nous exposerons ce qui concerne la *condictio furtiva*.

SECTION I

DE L'ACTION *Furti*

§ I. — De la pénalité.

La loi des Douze Tables a puisé dans la législation Grecque plusieurs de ses dispositions pénales, mais l'ensemble de son système de pénalité, en ce qui concerne le vol, ne se rencontre chez aucun peuple. Elle crée deux classes bien différentes de vol, le vol manifeste et le vol non manifeste, suivant que le voleur a été ou non pris en flagrant délit, et inflige à chacun d'eux une peine spéciale et distincte.

Les jurisconsultes ne s'étaient pas mis d'accord sur le point de savoir ce qu'il fallait entendre par un flagrant délit, et ce ne fut que Justinien qui trancha définitivement la question en déclarant qu'il y aurait vol manifeste, lorsque le voleur serait surpris avant d'avoir déposé l'objet dans le lieu où il avait l'intention de le porter le jour même du vol (1). Cette opinion avait précédemment été soutenue par Julien, Ulpien (2) et Paul (3). Gaius paraît se rallier à l'opinion qui avait de son temps le plus de partisans, et qui exigeait que l'arrestation eût eu lieu dans l'endroit même où le vol avait été commis (4). Enfin parmi d'autres jurisconsultes, les uns voulaient que le voleur eût été découvert au moment où il commettait le vol, les autres, à n'importe quelle époque, pourvu qu'il portât encore l'objet (5).

D'ailleurs, il n'était point nécessaire que le voleur eût été saisi et arrêté, il suffisait qu'il eût été vu emportant l'objet, et poursuivi; car, nous dit Pomponius, il ne peut y avoir vol manifeste si celui qui l'a vu s'accomplir se

---

(1) *Institutes*, IV, 1, § 3.
(2) Loi 3, § 2, h. t.
(3) Loi 4, h. t.
(4) Liv. III, § 184, *Com.*, Gaius.
(5) *Institutes*, IV, 1, § 3.

cache pour ne pas être tué (1). Cujas ajoute que celui qui poursuit un voleur doit le prévenir en criant : « *Quid agis ? Quo te proripis cum re mea ?* » Cette formalité, que nous retrouverons au cas où le voleur de nuit a été tué, est exigée pour appeler des témoins et pour attester qu'on a vainement tenté d'arrêter le voleur. Il n'est d'ailleurs pas nécessaire, nous dit Ulpien, que ce soit le propriétaire lui-même qui accomplisse l'arrestation ou la poursuite (2).

Cette distinction avait sous la loi des Douze Tables, et présente encore sous Justinien, un très-grand intérêt pour la détermination des peines. Le voleur était-il manifeste : s'il était homme libre, la loi des Douze Tables le condamnait à être battu de verges, et l'attribuait par l'*addictio* à celui qui avait été victime du vol ; s'il était esclave, elle le faisait fustiger et précipiter du haut de la roche Tarpéienne. Le voleur était-il non manifeste : la peine, qui était pécuniaire, s'élevait au double de la valeur de l'objet volé, et s'appliquait indistinctement aux personnes libres comme aux esclaves. Le magistrat avait un pouvoir arbitraire sur la condamnation de l'*impuber* qui s'était rendu coupable de vol ; il pouvait le faire battre de verges et exiger de lui une réparation pécuniaire pour le dommage qu'il avait causé (3).

En présence de peines aussi disproportionnées, variant suivant des circonstances qui ne changeaient point la nature du crime, ni la culpabilité du voleur, nous devons

---

(1) Loi 7, § 1, h. t.
(2) Loi 7, § 3, h. t.
(3) Aulu-Gelle, *Nuits att.*, XI, 18.

nous demander quelles sont les raisons qui ont pu déci-
der le législateur romain à introduire cette distinction,
que nous pouvons considérer comme une innovation aux
législations antérieures, ou tout au moins comme une reproduction lointaine d'un principe exceptionnel posé par
Lycurgue.

Il est étrange que de tous les jurisconsultes qui traitent cette matière, nous n'en trouvions aucun qui ait
même essayé de justifier une semblable disposition ; ils se
contentent de la signaler, mais ils n'en indiquent ni les
origines, ni les motifs. Aussi, tous les interprètes du droit
romain se sont-ils efforcés de réparer cet oubli.

D'après Pothier, on a voulu châtier plus sévèrement
le voleur qui n'a pas eu honte d'agir ouvertement, et
qui a poussé l'impudence jusqu'à accomplir un vol sans
se cacher. Aristote semble dire la même chose en prétendant que celui qui agit en cachette est moins incorri-
gible que celui qui agit à la face de tous. Cette raison
ne nous paraît pas concluante, car le voleur n'est surpris
que pour avoir maladroitement agi, et non pour avoir
impudemment agi.

Heineccius pense que la peine est plus élevée dans
le vol manifeste, parce qu'on aurait pu craindre une
résistance de la part du voleur, et que plus est grand le
danger couru par le propriétaire, plus la pénalité doit
être forte.

Nous devons signaler ici la théorie ingénieuse de Montesquieu, qui se fonde sur les origines historiques (1) :

---

(1) *Esprit des lois*, liv. XXIX, chap. XIII.

« Je ne saurais douter, dit-il, que toute la théorie
des lois romaines sur le vol ne fût tirée des institutions
lacédémoniennes. Lycurgue, dans la vue de donner
à ses citoyens de l'adresse, de la ruse et de l'activité,
voulut qu'on exerçât les enfants au larcin, et qu'on fouet-
tât rudement ceux qui s'y laisseraient surprendre ; cela
établit chez les Grecs, et ensuite chez les Romains, une
grande différence entre le vol manifeste et le vol non
manifeste. »

Cette raison, qui peut avoir quelque fondement, et qui
suffirait peut-être pour expliquer cette disposition dans
la loi des Douze Tables, ne me paraît pas justifier la faveur qui la maintenait encore sous Justinien. A ces con-
sidérations historiques ont dû s'ajouter des raisons juridiques, et l'une d'elles, exprimée par Cujas, nous paraît
mériter considération : « La peine infligée aux voleurs
revient au propriétaire ; si donc ce dernier a fait preuve
de négligence dans la conservation de ce qui lui appartenait, dans l'arrestation et la poursuite du voleur, d'une
part, il a une faute à se reprocher et doit retirer du vol
un profit moins grand ; d'autre part, il a pu par son incurie encourager le voleur, en lui donnant l'occasion de
commettre un vol ; il a ainsi diminué la culpabilité de ce
fait, qui mérite de la sorte une peine moins sévère. » Nous
devons ajouter que le scandale apporté par l'arrestation
ou la poursuite d'un voleur, au moment où il vient de
commettre le crime, est plus grand, et demande un
châtiment plus exemplaire ; que, de plus, le vol est telle-
ment évident qu'aucun doute ne peut s'élever sur son
accomplissement.

En dehors de cette distinction fondamentale que nous venons d'indiquer, la loi des Douze Tables avait établi deux autres actions naissant de circonstances postérieures au vol, l'action *furti concepti* et l'action *furti oblati*. L'action *furti concepti* était donnée contre le recéleur chez lequel on avait retrouvé l'objet volé, après des perquisitions faites en présence de témoins (1). Les interprètes se sont divisés sur la question de savoir si l'on devait exiger la mauvaise foi de la part du recéleur. Cujas soutient que le fait seul de se trouver en possession d'un objet volé suffit pour rendre passible de l'action *furti concepti*. D'autres auteurs exigent au contraire que le recéleur ait eu connaissance du vol. Pothier admet une opinion mixte qui nous paraît plus exacte, en donnant cette action contre celui chez lequel l'objet est retrouvé, qu'il soit ou non complice, qu'il soit ou non de mauvaise foi, pourvu qu'il ait nié avec dol en être le possesseur.

La peine de *furtum conceptum* s'élevait au triple de la valeur de l'objet volé, et on peut s'étonner de la sévérité déployée par la loi en cette circonstance, alors que le voleur lui-même aurait pu n'être condamné qu'à la peine du double ; on a voulu peut-être intimider les recéleurs, gens dangereux, parce qu'en dissimulant un objet volé par autrui ils détournent les soupçons qui pouvaient atteindre le voleur, et rendent presque impossibles les recherches du propriétaire. Marcien exprime en effet cette idée lorsqu'il dit : *Pessimum genus est receptatorum sine*

(1) Gaius, *Com.*, loi 3, § 186. *Institutes*, liv. IV, tit. 1, § 4.

quibus nemo latere diù potest; et Montesquieu reproduit le même principe (1).

L'action du *furtum oblatum* n'est point intentée par la personne qui souffre du vol, mais par le recéleur qui, condamné par l'action *furti concepti*, se retourne contre celui qui lui a remis cet objet et se fait indemniser par lui; mais il faut ici que la remise de l'objet ait été faite en connaissance du vol et dans le but d'échapper aux re cherches (2).

Nous trouvons encore une autre action remontant à la loi des Douze Tables, l'action *furti lance licioque con-cepti*, qu'il faut distinguer de cette action *furti concepti*, dont nous venons de parler, et qui en diffère par la solennité des formes et par la pénalité. Ce mode singulier de perquisition, sur lequel les interprètes du droit romain avaient donné les explications les plus bizarres, nous est exposé par Gaius, qui, racontant les détails de la cérémonie, plaisante les formes qui y étaient employées. Celui qui voulait faire une perquisition se présentait dépouillé de ses vêtements, les reins entourés d'une ceinture, et tenant entre les mains un plat, *lanx* (3). Gaius ne nous indique pas les raisons d'être de ces formalités; il est probable qu'elles avaient été empruntées à des idées religieuses dont le jurisconsulte n'avait pas la clef.

Nous trouvons une partie de ces formes, exigées pour de semblables recherches, dans la législation athénienne,

(1) Loi 1, *de Receptatoribus*, D., liv. XLVII, t. X. — *Esprit des lois*, liv. XXIX, chap. XII.
(2) Gaius, *Com.*, III, § 187.
(3) Gaius, *Com.*, III, § 193.

nous en avons la preuve dans ce passage de Platon : « Si quelqu'un veut faire la perquisition de la chose volée dans la maison d'autrui, qu'il soit nu ou qu'il porte seulement un *licium* (1). » Ce *furtum* avait été, pour la pénalité, assimilé au *furtum manifestum* par la loi des Douze Tables, et s'en rendait coupable celui chez lequel un objet volé avait été retrouvé, en employant les formes ci-dessus indiquées.

Telle était la législation des Douze Tables. Plus tard, l'édit du préteur introduisit deux autres actions, l'action *furti prohibiti* et l'action *furti non exhibiti*. La première, qui nous est indiquée par Gaius (2), est donnée au quadruple contre celui qui se refuse à toute perquisition chez lui ; elle comble ainsi une lacune de la loi des Douze Tables, qui, prévoyant le cas de perquisition dans l'action *furti concepti*, n'imposait pas l'obligation de tolérer ces perquisitions, et permettait au recéleur de chercher l'impunité dans l'opposition qu'il faisait à toute recherche, et d'échapper ainsi à cette action *furti concepti*.

L'action *furti non exhibiti* nous est signalée par Justinien (3) comme étant donnée contre celui qui n'avait point présenté l'objet trouvé chez lui ; cette action, que nous ne trouvons indiquée nulle part ailleurs, et dont la pénalité nous reste inconnue, semble faire double emploi avec l'action *furti concepti.*

De ces différentes actions, ce fut l'action *furti lance licioque concepti* qui disparut la première, abrogée par la

(1) *De Legibus*, liv. XII.
(2) Gaius, *Com*., III, § 188 et § 192.
(3) *Institutes*, liv. IV, tit. 1, § 4.

loi Æbutia (579 ou 583), et qui fit place à une simple recherche devant témoins. Puis, les actions *furti oblati, concepti, prohibiti* et *non exhibiti* tombèrent en désuétude, et
sous Justinien nous ne trouvons plus que le vol manifeste
et le vol non manifeste ; sont alors punis indistinctement du
double, tous ceux qui avaient reçu ou caché un objet
volé (1).

Nous avons vu quelle était la pénalité infligée au
voleur manifeste par la loi des Douze Tables ; mais, nous
dit Gaius (2), la sévérité avec laquelle il était traité parut
trop rigoureuse, et par suite de la loi Porcia qui défen-
dait de battre de verges un citoyen romain, le préteur
substitua une peine pécuniaire du quadruple, et conserva pour cette action le caractère d'action perpétuelle ;
cette disposition s'appliqua aux esclaves comme aux
hommes libres.

Après ces réformes, la peine du vol se trouvant être
uniquement pécuniaire n'inspirait aucune crainte aux
voleurs, qui, le plus souvent insolvables, échappaient à ces
condamnations par l'impossibilité de les payer. Aussi
commença-t-on bientôt à remplacer ces poursuites
privées et ordinaires et ces peines pécuniaires par des
poursuites criminelles extraordinaires et des peines corporelles. On institua des pénalités spéciales contre les
voleurs les plus dangereux qu'Ulpien appelle *atro-
ciores* (3). Les *expilatores* ou voleurs de grand chemin
étaient condamnés aux travaux publics à perpétuité ou

(1) *Inst.*, liv. IV, tit. 1, § 4.
(2) Gaius, *Com.*, III, § 189.
(3) Loi 1, liv. XLVII, tit. 18, D.

à temps, s'ils étaient de basse condition ; sinon, ils étaient condamnés à la rélégation. Les *saccularii* ou escamoteurs, les *directarii* ou voleurs dans les banquets subissaient les mêmes peines suivant les mêmes distinctions. Les *abigæi*, voleurs dispersant les troupeaux pour s'en emparer, étaient condamnés à mort, mais seulement dans les lieux où ce crime était très-fréquent ; partout ailleurs la peine était des travaux forcés à perpétuité ou à temps, ou encore de la rélégation (1).

Enfin on finit par étendre ce principe à tous les vols ordinaires, et par donner à la partie lésée le choix entre l'ancienne action privée et une nouvelle action criminelle suivant la procédure extraordinaire. Mais Ulpien nous rapporte que déjà de son temps celui qui était victime d'un vol ne choisissait que l'action criminelle, et renonçait à l'action privée, impuissante à lui faire obtenir une réparation pécuniaire (2). Heineccius prétend que le vol d'usage ou de possession n'étant point considéré comme un vol réel ne se poursuivait que par la voie civile, et qu'il en serait ainsi du vol d'un objet de valeur minime.

Cette action criminelle différait à trois points de vue de l'action privée. En premier lieu, dans la procédure de l'action criminelle, le plaignant doit par une *suscriptio in crimen* s'engager à subir la peine du talion, si son accusation est jugée calomnieuse (3). En deuxième lieu, l'action criminelle est portée directement devant le magistrat lui-même, à Rome, devant le *præfectus vigilum*,

(1) *De Abigæis*, loi 1, liv. XLVII, tit. 14. D.
(2) Loi 92, h. t.
(3) Loi 92, h. t. Loi 3, liv. XLVII, tit. 4. D.

dans les provinces, devant le président, tandis que l'action civile suivant une voie moins expéditive était portée devant un juge nommé par le magistrat. Enfin, l'action civile donne lieu à une peine du double et du quadruple qui ne varie que suivant l'importance de l'objet volé, et non suivant la culpabilité du voleur, l'action criminelle au contraire entraîne une peine dont la désignation est laissée à l'arbitrage complet du magistrat, et qui pouvant être pécuniaire était toujours corporelle et consistait souvent dans la fustigation ou l'amputation d'un membre.

C'est une question vivement controversée que celle de savoir si, dans le vol, ces deux actions civiles et criminelles peuvent concourir ensemble. Julien décide que le choix d'une de ces procédures exclut nécessairement l'autre, quelque faible que soit la peine encourue, car le voleur est assez puni, *quod in periculum majoris pœnæ deductus est* (1). Mais cette opinion reçoit un démenti formel dans une constitution de Valens, Gratien et Valentinien, qui, dans le but de trancher une controverse, pose ce principe : « Il y a lieu d'intenter à la fois l'action civile et l'action criminelle, toutes les fois qu'il s'agit d'un délit privé (*quoties de re familiari agitur* (2).

Une autre pénalité encourue fatalement par le voleur, est l'infamie : « *Furti quocumque genere condemnatus, famosus dicitur,* » nous dit Paul (3), et ce principe ainsi énoncé n'est pas complet, car le vol étant un acte honteux non pas *jure*

---

(1) Loi 56, § 1, h. t.
(2) Loi unique, Code, liv. 9, tit. 31. *Quando civilis actio.*
(3) *Sentences*, liv. II, tit. 31, § 15.

civili mais *jure naturali*, doit entraîner l'infamie alors même que les parties ont transigé et rendu impossible toute action pénale et toute condamnation (1). Ulpien excepte le cas où la transaction a été imposée par le préteur (2). Une restriction plus importante à ces principes nous est indiquée dans un texte de Macer, où l'exemption de l'infamie est prononcée toutes les fois qu'il y a eu condamnation pour vol à une peine plus sévère que la peine établie par les lois, lorsque le voleur, par exemple, est condamné à la peine des travaux forcés, ou à la rélégation ou même à la fustigation (3).

Nous trouvons dans la loi des Douze Tables une disposition spéciale autorisant le meurtre du voleur de nuit: « *Si nox furtum factum sit, si im occisit, jure cæsus esto.* » Le voleur de jour ne pouvait être tué impuné·ment, à moins qu'il n'eût voulu se défendre par les armes. De semblables principes se trouvent écrits dans le chapitre XXII de l'Exode : « Si le voleur est surpris brisant une porte ou perçant un mur, et qu'on le blesse mortellement, celui qui l'aura frappé ne sera point puni. — Si le fait s'est passé de jour, c'est un homicide et l'auteur sera puni de mort. » Nous retrouvons ces idées dans la législation de Solon.

Gaius, qui reproduit ces dispositions, paraît y ajouter une condition s'appliquant au voleur de jour comme au voleur de nuit, et qu'il attribue à la loi des Douze Tables, il exige que des cris soient poussés par celui qui se dé-

(1) Loi 4, § 5 et loi 5, D., liv. III, tit. 2. *De his qui not.*
(2) Loi 6, § 3, D. ejusdem tit.
(3) Loi 10, § 2, liv. XLVIII, tit. 19. *De Pœnis.*

fend, pour appeler des témoins et écarter de la sorte tout
soupçon d'avoir tué le voleur par dol et sans l'excuse de
la légitime défense ou de la nécessité (1). Montesquieu
justifie ce principe en ces termes : « C'est une chose que
les lois qui permettent de se faire justice soi-même doivent toujours exiger. C'est le cri de l'innocence qui, dans
le moment de l'action appelle des témoins, appelle des
juges. Il faut que le peuple prenne connaissance de l'action et qu'il en prenne connaissance dans le moment
qu'elle est faite (2). » Ce passage de Gaius paraît être en
contradiction avec les décisions données par les autres
jurisconsultes qui traitent cette matière sans poser une
semblable condition. Quelques auteurs veulent ici voir une
interpolation de Tribonien. Gérard Noodt explique ainsi
le texte de Gaius : Le jurisconsulte se demande si, dans
ces cas de meurtre, l'action de la loi Aquilia peut être
intentée, et il répond qu'elle devra l'être, toutes les fois
que le meurtrier aura commis la faute de ne pas appeler à
son secours, et que, n'invoquant l'aide de personne, il
n'aura pas employé tous les moyens pour arrêter le
voleur sans commettre un meurtre. Nous ferons remarquer que ce texte de Gaius est inséré au Digeste dans le
titre qui traite de la loi Aquilia.

Nous expliquerons de la même façon un texte
d'Ulpien (3) qui, assimilant le voleur de nuit au voleur
de jour, ne permet le meurtre du premier que dans le
cas de légitime défense, *« si parcere ei sine periculo suo*

---

(1) Loi 4, § 1, liv. IX, tit. 2, ad leg. Aquil.
(2) *Esprit des lois*, liv. XXIX, ch. xv.
(3) Loi 9, D., liv. XLVIII, tit. 8, *ad leg. Cornel.*

non potuit. » Ulpien a voulu dire que dans les autres cas, alors qu'il y a eu meurtre lorsqu'il pouvait y avoir arrestation, l'action de la loi Aquilia pourra être intentée en réparation de la faute qui a été commise.

Nous trouvons des constitutions impériales qui consacrent le principe absolu de la loi des Douze Tables pour tous les vols commis la nuit dans les champs et sur les routes (1).

§ II. — A qui est donnée l'action de vol.

L'action de vol, en principe, est donnée à celui qui a intérêt à ce que le vol ne soit pas commis, en ce sens que c'est sur lui que retombera la perte, si l'objet volé ne se retrouve pas. Seul, le propriétaire peut avoir l'action de vol, sans avoir à justifier du montant de son intérêt, et par cela seul qu'il est propriétaire, *jure dominii;* Papinien nous en cite deux exemples lorsqu'il nous dit que celui qui a un droit de propriété résoluble sur un *statuliber* ou sur un esclave légué sous condition suspensive, pourra néanmoins intenter l'action de vol (2). En sens inverse, nous rencontrerons, dans le courant de cette étude, plusieurs cas où des parties intéressées ne peuvent avoir cette action.

Toutes les fois que le droit de propriété est divisé dans

---

(1) Lois 1 et 2, Code, liv. III, tit. 27. *Quando liceat unicuique.*
(2) Loi 80, § 4, h. t.

ses attributs, nous trouvons une action spéciale donnée à celui au profit duquel ce droit secondaire a été détaché, à l'usager ou à l'usufruitier, par exemple, sans que cette action ne puisse mettre obstacle à celle du propriétaire. Le débiteur pourra concourir avec le créancier gagiste, et l'un et l'autre auront l'action de vol, sauf dans ces deux cas spéciaux : 1° si la valeur de l'objet donné en gage est égale ou inférieure à la dette qu'il garantit, car ici le créancier a seul intérêt, le gage tout entier devant être employé à éteindre la dette (1) ; 2° si le vol a été commis par la faute du créancier, car la responsabilité de ce dernier permet au propriétaie d'intenter contre lui l'action pignératice pour s'indemniser de l'excédant du gage sur la dette (2).

Le créancier sera censé avoir intérêt, alors même que le débiteur se trouve solvable, d'après cette maxime : *plus cautionis in re est quam in persona* (3).

On peut poser en principe que tous ceux qui sont responsables de leur faute, auront droit à l'action *furti*, lorsqu'ils ont laissé se commettre un vol, car le vol n'est pas considéré comme un cas fortuit, imposé par une force supérieure, mais comme le résultat de la négligence et de l'incurie. Le commodataire sera donc responsable du vol commis sur une chose qu'il avait empruntée, et soumis envers le propriétaire à l'action *commodati*, à moins que le vol n'émane du commodant lui-même, auquel cas, le commodataire ne pourrait se plaindre, n'ayant

(1) Loi 46, § 4, h. t.
(2) Loi 15, h. t.
3) Loi 12, § 2, h. t.

aucun recours à craindre, et en général aucun droit
à opposer à cette reprise de possession par le propriétaire (1). Mais si c'était l'esclave du commodant qui se
fût rendu coupable de vol, le commodant aurait droit à
l'action *commodati*, en raison de la négligence du commodataire qui a laissé le vol se commettre, et le commodataire aurait l'action noxale contre le commodant en sa
qualité de maître de l'esclave, mais l'action noxale s'éva-
nouirait devant la renonciation par le propriétaire à
l'action *commodati*, faute d'intérêt de la part du commodataire (2).

Si nous supposons que l'esclave du commodataire vole
à son maître l'objet emprunté, le commodant aura l'action *commodati*, et en cas d'insolvabilité du commodataire, l'action noxale (3). Nous donnerons encore l'action
de vol au *locator operarum* dont la négligence a laissé le
vol se commettre, et à l'*inspector*, c'est-à-dire à celui qui a
reçu une chose pour l'examiner et qui est responsable de
sa faute (4).

Dans ces différents cas, il ne suffit pas d'être juridi-
quement responsable, il faut de plus que cette responsabilité ne soit pas rendue illusoire par l'insolvabilité ; et le
propriétaire, ne trouvant aucune garantie dans les actions
commodati ou *locati*, intentera directement l'action *furti*,
quand même le débiteur ne serait insolvable que pour
partie. Justinien introduisit une exception à ces principes

(1) Loi 59, h. t.
(2) Loi 53, § 1, h. t.
(3) Loi 53, § 2, h. t.
(4) Loi 12. Loi 78, h. t.

dans le cas de commodat, pour aplanir, dit-il, une difficulté qui pouvait s'élever, lorsque le commodataire, solvable au moment où le vol a eu lieu, devient insolvable
avant d'avoir intenté l'action (1). Désormais, on ne s'at-
tachera plus nécessairement à la solvabilité ou à l'insolvabilité du commodataire à l'instant du vol, pour donner
au propriétaire l'action *commodati* ou l'action *furti*, mais
on laissera ce dernier libre de choisir l'une ou l'autre de ces
actions; son choix porte-t-il sur l'action *furti*, le commodataire est de plein droit libéré; choisit-il au contraire
l'action de commodat, il renonce à l'action *furti*, qui
dès lors passe au commodataire. Le choix une fois fait,
il est irrévocable, a moins qu'il n'y ait eu erreur de sa
part, et qu'ignorant le vol, il n'ait intenté l'action de
commodat; dans ce cas, en effet, il pourra, s'il n'a pas
encore reçu satisfaction du commodataire, poursuivre
le voleur par l'action *furti*.

Si nous supposons que le commodataire, le *conductor
rei* ou le *locator operarum* ont été expressément dispensés
de toute responsabilité pour les fautes qu'ils peuvent
commettre, ils n'auront point l'action de vol, car ils
n'ont aucun intérêt à l'intenter, n'ayant à craindre ni
l'action *commodati*, ni l'action *locati*. Aussi le dépositaire, n'étant responsable que de son dol, ne pourra
jamais avoir cette action; l'action *depositi* ne peut
l'atteindre, s'il n'a commis qu'une faute; et s'il a commis
un dol, quoique poursuivi par l'action civile de son
contrat, il se verra refuser l'action *furti*, car un dol ne

(1) Loi 22, § 1, liv. 6, tit. 2, Code. — *Institutes*, liv. IV, tit. 1, § 16.

peut lui donner naissance (1). Ce que nous venons de dire ne s'appliquerait pas au dépositaire qui a offert ses services, ou qui a promis de veiller à la garde de la chose.

Celui qui a reçu un objet en précaire n'étant tenu de le rendre que par l'équité du préteur et au moyen d'un interdit, on avait décidé qu'il ne devait être responsable que de son dol ; et ce qui a été dit sur le dépositaire doit s'appliquer ici, à moins, ajoute Ulpien, qu'il n'y ait eu poursuite par l'interdit pour la restitution de l'objet, cas où le précariste est en demeure et responsable de sa faute (2).

Pour que l'intérêt puisse donner naissance à l'action *furti*, il faut qu'il repose sur une cause légitime et honnête. Ainsi le possesseur de mauvaise foi, malgré l'intérêt qu'il peut avoir à la conservation de la chose, puisqu'elle est à ses risques, ne peut intenter l'action de vol (3). A plus forte raison, le voleur ne pourra point poursuivre par cette action celui qui lui a soustrait un objet qu'il avait lui-même volé, bien qu'il soit menacé de la *condictio furtiva*. Servius proposait un tempérament en donnant l'action au voleur toutes les fois que le propriétaire dépossédé ne se présentait point (4) ; mais cette opinion ne fut pas admise, car il n'y a aucune bonne raison pour traiter plus favorablement le premier voleur que le second, ce qui, d'ailleurs, serait, en pareil cas,

(1) Loi 14, § 3, h. t.
(2) Loi 14, § 11, h. t.
(3) Loi 12, § 1, h. t.
(4) Loi 76, § 1, h. t.

contraire à cette maxime : *in pari causa melior est causa
possidentis*. Enfin, comme le fait remarquer Pothier,
une condition essentielle fait ici défaut ; il est, en effet,
de principe que, pour avoir l'action de vol, l'intéressé a
dû éprouver une perte, et qu'il n'a pas dû seulement
être privé d'un gain. Nous trouvons ce principe appliqué
à celui qui possédait *pro hærede* et qui ne pourra intenter
l'action de vol, bien qu'il eût l'espérance d'acquérir la
propriété par une prompte usucapion (1). Mais nous
donnerons l'action à l'acheteur de bonne foi d'une chose
furtive ; car, s'il n'en est pas devenu propriétaire, il a
intérêt à conserver la chose qui, dans son patrimoine,
prend la place du prix qu'il a payé ; et si, au lieu d'être
dépouillé par un vol, il l'eût été par un jugement sur la
demande du propriétaire, il aurait eu un recours contre
son vendeur pour la restitution du prix (2).

Nous avons vu qu'en principe le voleur à qui la chose
est volée n'a point l'action de vol ; il est pourtant certains
cas où il pourra l'exercer : tel est celui où il n'a pas volé
la chose elle-même, mais où il a commis un vol relative-
ment à l'usage ou à la possession de la chose. Le propriétaire qui soustrait la chose donnée en gage aura néanmoins l'action *furti* en sa qualité de propriétaire. Le
foulon qui commet un vol d'usage en prêtant des vêtements qui lui avaient été confiés, le commodataire qui
fait de la chose un usage autre que celui qui a été convenu, auront aussi l'action *furti*, car ils ont un intérêt lé-

---

(1) Loi 71, § 1, h. t.
(2) Loi 52, § 10. Loi 74, h. t.

4

gitime qui est né, non de leur délit, mais de la garde à laquelle ils étaient soumis, tandis que le voleur, dans les autres cas, ne tire son intérêt que de son vol (1).

Nous avons vu que le recéleur tenu de l'action *furti concepti* peut avoir contre celui qui lui a remis la chose l'action *furti oblati.*

Le voleur peut encore, par l'action noxale, pour un vol commis par l'esclave qu'il a lui-même volé, poursuivre le maître de cet esclave ; ici, en effet, son intérêt est légitime, puisqu'il souffre préjudice, non de son délit, mais d'un délit commis envers lui ; d'ailleurs, la plupart du temps, ce vol profiterait injustement au maître (2).

La loi romaine exigeait encore une autre condition, pour que l'intéressé qui n'était point possesseur, mais simple détenteur, pût agir, il fallait qu'il détînt l'objet *voluntate domini*, en qualité, par exemple, de locataire ou de commodataire ; mais le tuteur, le curateur ou le *negotiorum gestor* n'auront point cette action pour le vol qu'ils ont laissé commettre, bien qu'ils soient soumis aux actions *negotiorum gestorum*, de tutelle ou de curatelle (3). Nous devons ajouter que, si on agit contre eux par ces actions, ils pourront réclamer la cession de l'action de vol (4). A plus forte raison, ne donnera-t-on aucune action à l'intéressé qui n'avait même point la détention de la chose ; un *negotiorum gestor* remet au nom du débiteur une somme d'argent a un faux procureur du

(1) Loi 48, § 4, h. t.
(2) Loi 67, § 4, h. t.
(3) Loi 85, h. t.
(4) Loi 53, § 3, h. t.

créancier, le débiteur, s'il ratifie le payement, n'aura point l'action de vol contre le faux procureur, car il n'a jamais été détenteur, possesseur ou propriétaire des pièces de monnaie qui lui ont été remises, il n'aura droit qu'à une *condictio indebiti* (1).

D'ailleurs, le créancier de celui qui a été la victime d'un vol, qu'il soit même créancier par stipulation ou testament de l'objet volé, ne pourra agir par l'action de vol (2); une doctrine contraire a été soutenue par Africain (3). Par application de ce principe, le mari seul agira dans le cas de vol des objets dotaux, bien qu'ils soient aux risques de la femme (4). De même, l'acheteur à qui l'objet vendu n'a pas encore été livré n'aura pas l'action de vol, car il n'est que créancier; cette action appartient donc au vendeur qui est intéressé, puisqu'il doit céder à l'acheteur l'action *furti*, la *condictio*, la revendication, et lui remettre tout ce qu'il aurait obtenu de ces différentes actions (5). Paul, dans ses Sentences, donne l'action aussi bien à l'acheteur qu'au vendeur; car, dit-il, tous deux ont intérêt, le premier à livrer l'objet, le second à le recevoir (6). Mais cette antinomie entre Paul et Ulpien n'est qu'apparente, et nous admettrons avec Pothier et Cujas que Paul a voulu parler d'une action utile, action donnée à celui à qui cession d'action devait être faite.

---

(1) Loi 80, § 7, h. t.
(2) Loi 66, § 5. Loi 49, Pr. Loi 13. h. t.
(3) Loi 38, § 1, D. *De Solut.*, XLVI, 3.
(4 Loi 49, § 1, h. t.
(5) Loi 14, Pr. h. t. Loi 31, D. *Mandati vel contra*, XVII. 1.
(6) *Sentences de Paul*, II, 31, § 17, *de Furtis*.

L'action de vol se donne aux héritiers de la partie lésée et à ses autres successeurs universels, tels que l'adrogeant (1).

Le maître exercera l'action pour le vol commis envers l'esclave, et le père de famille pour le vol commis envers le fils de famille (2). Si toutefois le père est absent, Ulpien donne au fils une action de vol utile, de peur que ces délits ne restent impunis, et qu'au retour du père le coupable ait disparu (3). Quant aux objets compris dans le pécule *castrense*, ou à ceux qui ont été loués et prêtés au fils, sans qu'ils soient soumis à la garde du père, en cas de vol, le fils de famille aura seul l'action (4).

Nous avons vu que, sauf pour le propriétaire, c'était l'intérêt qui donnait naissance à l'action de vol, c'est encore l'intérêt qui fixera la mesure de l'action et l'unité de valeur qui sera multipliée au double ou au quadruple. Mais ici encore les textes distinguent suivant que l'action est intentée par le propriétaire ou par une personne qui n'a sur la chose qu'un droit accessoire, comme un droit de jouissance ou de possession, et, dans ce dernier cas seul, *sola utilitas æstimationem facit*. Quant au propriétaire, toutes les fois que son intérêt sera inférieur ou égal au prix réel de la chose, nous prendrons pour *simplum* le *verum rei pretium*, c'est-à-dire la valeur vénale de l'objet, dans le cas, par exemple, d'un vol d'un *statuliber* ou d'un objet légué sous condition (5); mais si l'intérêt du

(1) Loi 44, § 1, h. t.
(2) *Sentences de Paul*, II, 31, § 20.
(3) Loi 18, § 1, D. *De Judiciis*, V, 1.
(4) Loi 14, § 10, h. t.
(5) Loi 52, § 29. Loi 80, § 1, h. t.

propriétaire était supérieur, on devrait alors s'attacher au dommage causé par le vol ; tel est le cas où le propriétaire engagé par contrat à livrer à jour fixe la chose qui a été volée, a encouru une clause pénale, faute par lui d'avoir exécuté son obligation (1). Nous pouvons encore citer le cas où un esclave institué héritier a été volé et meurt avant d'avoir fait adition, nous comprendrons dans le montant de la condamnation la valeur de l'hérédité (2). Même décision en cas de vol des tablettes d'un testament, d'une quittance ou d'un registre constatant une créance, quand même, dans ce dernier cas, cette dette se trouverait payée, car le débiteur peut dans la suite soutenir que la dette qu'il a payée n'était point due et la réclamer par la *condictio indebiti* (3).

Ainsi donc le *simplum*, dans l'action intentée par le propriétaire, ne sera jamais inférieure à la réelle estimation de la chose, et Papinien nous donne pour raison qu'un autre calcul serait bien difficile dans les deux cas qu'il cite du vol d'un *statuliber* ou d'un objet légué sous condition : *alioquin diversum probantibus statui facile quantitas non potuit.* Nous ne devons donc pas nous en tenir à la généralité des termes d'un passage d'Ulpien, où il nous dit qu'il faut multiplier *non id quod interest sed verum rei pretium* (4). Le jurisconsulte ne peut parler que du cas où le propriétaire intente l'action dans une des hypothèses relevées par Papinien, alors que le droit

(1) Loi 67, § 1, h. t.
(2) Loi 52, § 28, h. t.
(3) Loi 27, Pr. Loi 82, § 3, h. t.
(4) Loi 50, Pr., h. t.

est aléatoire, résoluble sous condition ; car un usager ou un usufruitier ne peuvent recevoir le *verum rei pretium*, puisqu'ils ne jouissent que d'un des attributs de la propriété.

D'ailleurs, il nous paraît évident que si le propriétaire agissait, non pas à raison du *furtum rei*, mais à raison du *furtum usus*, on n'estimerait pas la valeur de la chose, mais le *id quod interest :* car, comme le fait remarquer Cujas, il n'est pas juste que celui qui n'a pas détourné la chose soit tenu à raison de cette chose.

L'estimation se fait d'après la valeur que la chose avait lors du vol, si depuis elle a subi quelques détériorations ; mais dans le cas où elle aurait augmenté de valeur, on se reporterait au moment où sa valeur a été la plus élevée (1). Pothier nous donne pour raison que le vol est censé se continuer et se renouveler tout le temps que le voleur détient. Ne pourrait-on pas ajouter que le propriétaire aurait pu saisir le moment où la chose avait le plus de valeur pour la vendre et en tirer profit, et que le vol ne doit pas le priver de ce bénéfice ? Celse prend pour exemple le vol d'un esclave encore enfant qui, grandissant chez le voleur, devient adolescent, et il nous dit que l'estimation portera sur la valeur de l'esclave adolescent (2). De même si le voleur d'un lingot d'argent en a fait des vases, ou si le voleur de raisins en a fait du vin, le propriétaire pourra, dans l'action *furti*, réclamer la valeur de ces objets ainsi transformés (3).

---

(1) Loi 50, Pr., h. t.
(2) Loi 67, § 2, h. t.
(3) Loi 52, § 14, h. t.

La personne qui exerce l'action *furti* en qualité de propriétaire, d'usager ou d'usufruitier, bénéficie de tout ce qu'elle obtient par cette action. Mais Justinien nous rapporte que parmi les jurisconsultes, la question s'était élevée de savoir si le commodataire responsable d'un vol, et poursuivi par l'action *commodati*, devait restituer au commodant le bénéfice du double ou du quadruple qu'il avait obtenu. Papinien avait sur cette question successivement soutenu deux opinions opposées, et Justinien, adoptant la dernière que ce jurisconsulte ait présentée, décide que le commodant ne peut réclamer le montant de la peine qui doit appartenir au commodataire en vertu de ce principe : *ubi periculum, ibi et lucrum collocatur* (1).

Le créancier gagiste devra-t-il imputer ce qui lui est dû sur ce qu'il reçoit dans l'action *furti* et restituer l'excédant au débiteur? Ulpien (2), adoptant l'opinion de Papinien, distingue suivant que le voleur est un étranger ou le débiteur lui-même ; dans le premier cas, le créancier devra imputer le montant de sa créance sur ce qu'il a reçu et restituer l'excédant au débiteur (3). Dans le second cas, le débiteur ne pourra réclamer l'excédant au créancier, car il aurait été inutile de donner une action *furti* contre lui, s'il pouvait reprendre d'une main ce qu'il donnait de l'autre (4).

(1) Loi 22, § 3, C. *de Furtis*. VI, 2.
(2) Loi 22, Pr. *De Pignerat. act.*, 13, 7, D.
(3) Loi 15, Pr., h. t.
(4) Loi 79, h. t.

§ III. — **Contre qui l'action** *furti* **est donnée.**

L'action *furti* est donnée non-seulement contre l'auteur principal du vol, mais aussi contre le complice, *adversus eum cujus ope, consilio furtum factum est* (1). Deux éléments de complicité nous sont indiqués dans ce passage des *Institutes*, le secours matériel consistant en une assistance effective, et le secours moral se traduisant par des excitations et des encouragements dans le but de pousser à commettre le vol. Mais la difficulté s'élève sur le point de savoir si ces deux éléments doivent se trouver réunis pour constituer la complicité, ou si l'un des deux peut suffire.

Plusieurs textes supposent l'existence d'une double complicité. Paul donne l'action contre celui qui a participé au vol *opera aut consilio* (2) ; et, dans un texte plus explicite, il se pose la question que nous examinons ici et y répond en adoptant l'opinion de Labéon : *aliud factum est ejus qui ope, aliud ejus qui consilio furtum facit* (3). Ulpien, à plusieurs reprises, distingue l'*ops* et le *consilium*, plaçant entre ces mots la particule disjonctive (4). Gaius confirme encore cette opinion en donnant l'action de vol à celui qui n'apporte qu'un secours matériel : *Qui ferramenta sciens commodaverit ad effringen-*

(1) *Institutes*, § 11, IV, 1.
(2) *Sentences de Paul*, II, 31, § 10.
(3) Loi 53, § 2, *de Verb. signif.*, L, 16, D.
(4) Loi 6, *de Cond. furt.*, XIII, 1, D. Loi 50, § 2, h. t.

dum ostium vel armarium, vel scalam sciens commoda-
verit ad ascendendum, licet nullum ejus consilium
principaliter ad furtum faciendum intervenerit, tamen
furti actione tenetur (1). Nous trouvons un exemple de la
complicité *consilio tantum* dans le cas où, sur mon
conseil, un esclave s'est enfui et est tombé entre les
mains de voleurs qui devaient s'en emparer (2).

Les auteurs reconnaissent, en général, que telle a été
l'opinion des jurisconsultes romains, mais quelques-uns
d'entre eux croient y trouver une dérogation dans un
passage des *Institutes*, ainsi conçu : *Certe qui nullam*
opem ad furtum faciendum adhibuit, sed tantum consi-
lium dedit, atque hortatus est ad furtum faciendum,
non tenetur furto (3).

Nous répondrons avec Vinnius et Cujas que ce texte
suppose un cas où tous les éléments nécessaires au
consilium pour constituer la complicité ne se rencontrent
pas ; il ne suffit pas, en effet, d'une simple exhortation
qui n'a point déterminé le voleur à agir, et qui peut-
être n'a été que l'approbation d'un vol déjà conçu, mais
on doit exiger ce triple élément qui nous est indiqué par
Ulpien : la persuasion, la pression et les instructions :
Consilium dare videtur qui persuadet et impellit atque
instruit consilio (4). Nous ajouterons que nous ne rencontrons nulle part ailleurs trace d'une semblable
réforme, que les auteurs croient trouver dans les *Insti-*

(1) Loi 54, § 4, h. t.
(2) Loi 36, Pr. h. t.
(3) *Institutes*, § 11, IV, 1.
(4) Loi 50, § 3, h. t.

tutes, et dont ce recueil n'aurait pas été le seul à parler.

Le complice ne pourra être poursuivi que lorsqu'il y aura eu *contrectatio*, et par conséquent *furtum ;* aussi dirons-nous que celui qui a conseillé la fuite à un esclave ne peut être condamné par l'action *furti*, puisqu'on ne peut pas dire que la fuite d'un esclave est un vol commis envers son maître ; dans ce cas, il n'y aura lieu qu'à l'action *servi corrupti* (1). Mais si le conseil avait été donné pour que l'esclave, dans sa fuite, tombât entre les mains de voleurs, et que, de fait, il y soit tombé, nous nous trouvons dans un cas où il y a eu vol d'un esclave occasionné par un conseil qui lui a été donné, et le complice sera tenu de l'action *furti*. Il en sera de même, lorsque l'esclave se sera enfui emportant des objets qui appartenaient à son maître, car tous les éléments du vol se trouvent réunis, et, si l'action ne prend pas naissance contre l'esclave, c'est pour des raisons spéciales qui n'enlèvent pas au vol son caractère, mais seulement sa sanction légale (2).

Mais si, me recommandant Titius comme un homme solvable et à qui je puis prêter, vous m'amenez un faux Titius insolvable, vous ne serez tenu de l'action de vol comme complice que si le faux Titius a été de mauvaise foi et s'est rendu coupable d'un *furtum* (3). De même encore, j'ai poursuivi un paon qui s'était enfui, et je l'ai chassé jusqu'à ce qu'il se fût perdu, dans l'intention d'en

(1) Loi 36, Pr., h. t.
(2) Loi 36, § 2, h. t.
(3) Loi 66, § 4, h. t.

faciliter le vol, je ne serai passible de l'action *furti* que s'il a été pris par quelqu'un (1).

Ces décisions s'appliqueront au cas où quelqu'un met en fuite un troupeau pour favoriser des voleurs ; mais une condition essentielle dans ces différents cas, c'est qu'il ait agi pour faciliter le vol ; s'il n'avait agi que *per lasciviam*, il ne pourra être tenu que d'une action *in factum*. Ainsi celui qui a brisé une porte, *injuriæ causa*, n'est point le complice des voleurs qui ont profité de cette occasion pour emporter certains objets (2). Il suffirait d'ailleurs que l'auteur du dommage fût complice d'un vol, bien qu'il n'eût agi que dans un but de vengeance, s'il a su que des voleurs tireraient profit de cet acte (3).

Nous avons vu que l'action *furti concepti* était ancien-nement donnée au triple et plus tard au double contre le recéleur. Ulpien considère comme recéleur non-seule-ment celui qui cache l'objet, mais aussi celui qui tient caché le voleur lui-même, sans toutefois lui assimiler celui qui connaissant l'auteur du vol ne le dénonce pas (4). Une présomption légale et naturelle de mauvaise foi et un soupçon grave atteignait celui qui, sommé par le proprié-taire d'indiquer quel avait été son vendeur, prétendait l'avoir acquis d'un passant ou d'un inconnu (5).

L'action *furti* est donnée pour le tout individuellement contre chacun des voleurs ou recéleurs d'un même objet, car cette action essentiellement pénale devait atteindre

(1) Loi 37, h. t.
(2) Loi 53, h. t.
(3) Loi 50, § 1, h. t.
(4) Loi 48, § 1, h. t.
(5) Loi 5, *de Furtis*, C., VI, 2.

chacun des coupables sans que leur nombre pût diminuer leur peine.

On faisait exception à ce principe dans le cas où un vol avait été commis par plusieurs esclaves ; effrayé du préjudice considérable que le maître pouvait subir par la fraude de ses esclaves, puisqu'il aurait été tenu de livrer tous les codélinquants ou de payer la peine du double ou du quadruple pour chacun d'eux, le préteur permettait au maître de se libérer en payant la peine du vol, comme s'il avait été commis par un seul homme libre : *Tantum præstat dominus quantum præstaretur, si unus liber fecisset* (1).

Les actions pénales ne pouvant être données contre les héritiers ou les successeurs quelconques du coupable, l'action *furti* ne sera point délivrée personnellement contre eux, et ne pourra les atteindre que si elle a été intentée, et la *litis æstimatio* produite, avant la mort de l'auteur du vol ; *pœnalia judicia semel accepta in hæredes transmitti possunt* (2). Il faudrait donner une solution semblable, lorsqu'une convention intervenue entre le voleur et la partie lésée aura effacé le caractère pénal de l'action et substitué une stipulation ou une obligation civile ; car, dit Paul, il y a eu une *quasi litis contestatio* (3).

L'édit du préteur (4) avait imposé aux patrons de barques, bateliers et aubergistes la responsabilité des vols commis par leurs préposés, et les avait soumis à une ac-

---

(1) Loi 3, Pr., *Si familia furt.*, XLVII, 6, D.
(2) Loi 164, *de Regulis juris*, L, 17, D. Loi 1, Pr., *de privatis Delictis*, XLVII, 1, D.
(3) Loi 33, *de Obligationibus*, XLIV, 7, D.
(4) *Furti adversus nautas*, D., XLVII, 5.

tion pénale du double pour un fait qui leur était étranger, mais qu'ils devaient empêcher par la surveillance et le soin qu'ils auraient dû prendre dans le choix de leurs employés. D'ailleurs cette responsabilité ne s'étend qu'aux actes commis sur le vaisseau ou dans l'auberge, et ne garantit point les vols commis par les voyageurs ou passagers ; car dans ce dernier cas l'aubergiste et le batelier ne sont pas tenus de les connaître, et se trouvent même dans la nécessité de recevoir quiconque se présente. Si l'employé coupable est un esclave, il n'y aura lieu contre le maître qu'à l'action noxale ; et Ulpien, se demandant la raison de la différence entre le vol commis par un esclave et celui qui est commis par un homme libre, répond en disant, qu'on peut reprocher à l'aubergiste ou au batelier de ne pas s'être suffisamment renseigné sur les défauts et le caractère de l'homme libre qu'il emploie, lorsqu'il le pouvait ; tandis qu'il ne peut être aussi pleinement responsable des vices d'un esclave qu'il achète, et surtout du vice de vol, qui est si commun et si général parmi les esclaves (1). L'édit du préteur a montré, dans un intérêt public et général, une sévérité excessive à l'égard des patrons de barques et des aubergistes qui, pour la simple faute d'avoir choisi des agents infidèles, sont poursuivis par une action pénale et sont tenus personnellement, puisque la mort de ces employés n'éteint point l'action, à moins, toutefois qu'ils ne soient esclaves; car, dans ce cas, l'action noxale s'éteindra par leur mort (2).

(1) Loi unique, § 5 *ejusd. tit.*
(2) Loi 7, § 4, *Nautæ, caupones*, D., **IV**, 9.

L'action *furti* ne peut être donnée contre un esclave,
puisque, conformément aux principes généraux, il ne
peut ester en justice, aussi sera-ce contre le maître que
la partie lésée exercera son action ; mais pour que l'esclave ne puisse, par fraude, entraîner contre son maître
une condamnation ruineuse au double ou au quadruple,
la loi des Douze Tables permettait au maître de faire
abandon de son esclave à la partie lésée, et d'éviter ainsi
la condamnation pécuniaire.

Ce principe n'est pourtant point absolu, et nous trouvons
certains cas où le maître est encore plus strictement tenu.
En premier lieu, nous refuserons l'abandon noxal au maître
qui a nié le délit, ou pouvant l'empêcher, ne l'a point
voulu. Il est aussi d'autres cas où la responsabilité civile
qui incombe au maître de l'esclave rend impossible cet
abandon. Ainsi le débiteur qui donne en gage à son créancier un esclave qu'il sait adonné au vice de vol, et qui
effectivement s'en rend coupable à l'encontre du créancier, ne pourra point se libérer en abandonnant cet esclave, et, poursuivi par l'action pignératice contraire,
il sera tenu de réparer tout le dommage (1). La même solu
tion est donnée dans le cas de vente d'un esclave sous ré-
méré, lorsque avant la résolution de la vente l'esclave a
commis un vol à l'égard de l'acheteur ; le vendeur de
mauvaise foi sera tenu de l'action *empti ;* mais ici on
devra rechercher quelles ont été les promesses du vendeur
et s'il a ou non garanti contre ce vice si commun à
tous les esclaves (2).

(1) Loi 64, § 4 et § 3, h. t.
(2) Loi 64, § 2 et § 4, h. t.

La loi 45, *Locati conducti* (1), semble ne donner au locataire que l'action noxale, mais la loi 61, § 5, *de Furtis*, dans une énumération, le place à côté du créancier gagiste, et lui donne l'action *locati* en imposant la condition de mauvaise foi de la part du locateur et de bonne foi de la part du locataire. Nous devons nous montrer plus sévère encore à l'égard du mandant et du déposant, qui profitent seuls du mandat et du dépôt, tandis que les autres contrats précités offrent un égal avantage aux deux parties contractantes; ils doivent, en conséquence, subir la responsabilité, non-seulement de leur dol, mais même de leur faute, et seront condamnés à indemniser le mandataire et le dépositaire, quand même ils auraient ignoré que l'esclave était atteint du vice de vol, et Africain exprime ce motif bien légitime : *in his culpam eorum quorum causa contrahatur, ipsis potius damnosam esse debere* (2). En appliquant ces principes au cas de commodat, qui est tout à l'avantage du commodataire, nous dirons avec Africain que le commodant ne sera tenu que d'une action noxale, encore faudra-t-il qu'il ait agi avec dol, et de plus nous ne devrons point montrer une grande sévérité dans l'appréciation de la fraude (3).

Telle est la doctrine posée par Africain dans la loi 61 et qui se trouve en contradiction avec une théorie différente du même auteur insérée dans la loi 31, *de Pigneratitia actione* (4). Cette loi rend d'un côté plus favorables

(1) XIX, 2. D.
(2) Loi 61, § 5, h. t.
(3) Loi 61, § 6, h. t.
(4) D., XIII, 7.

la position du créancier gagiste et celle du déposant, et d'un autre côté plus défavorable la position du débiteur et du dépositaire; d'une part en effet elle donne au créancier gagiste l'action pignératice, alors qu'il a connu le défaut de l'esclave, du moins elle ne s'explique pas sur ce point, et d'autre part elle ne donne au dépositaire l'action *depositi contraria* que lorsque le déposant s'est rendu coupable de dol. Enfin, le commodant qui dans la loi 61 ne peut être tenu de payer que le prix de l'esclave, pourra d'après la loi 31 être tenu même d'une indemnité. Cujas explique cette contradiction entre ces deux textes d'Africain, en disant qu'ils se placent sur un terrain distinct, la loi 31, sur le terrain de la législation admise par les jurisconsultes; la loi 61, sur le terrain de l'équité, indiquant non ce qui existe, mais ce qui devrait exister, non l'opinion des autres, mais l'opinion isolée d'Africain (1).

Nous ajouterons, pour confirmer cette interprétation, ce que Paul nous dit dans la loi 26, § 7, *Mandati vel contra* (2), que le mandataire a droit à une indemnité et non pas seulement à l'abandon noxal, toutes les fois qu'il y a eu dol de la part du mandant, et non pas seulement faute. Paul nous dit encore que le commodataire a droit à une indemnité par l'action *commodati* lorsque le commodant connaissait le défaut de l'esclave et que le commodataire ne le connaissait pas (3). Il semble donc bien résulter de ces textes que dans tous les **cas**

---

(1) Cujas, *ad Africanum, tractatus* VIII.
(2) D., XVII, 7.
(3) Loi 22, *Commodati*, D., XIII, 6.

l'action noxale était seule donnée, lorsqu'il n'y avait pas eu fraude de la part du propriétaire de l'esclave.

Il est un principe en matière d'action noxale qu'il faut appliquer au vol commis par un esclave, et d'après lequel nul ne peut intenter l'action noxale, qui est tenu d'une action semblable pour le même délit ; ainsi on suppose qu'un esclave appartenant à plusieurs maîtres commet un vol à l'encontre de l'un d'eux, celui qui a été victime de ce vol ne pourra point intenter contre ses copropriétaires l'action *furti* ou l'action noxale, mais une action *communi dividundo* ou *familiæ erciscundæ*, action quasi noxale, dans laquelle le juge peut suivant son bon plaisir condamner le copropriétaire à abandonner sa part, ou à réparer le dommage (1). La condamnation ne pourra donc s'élever ici qu'au simple du dommage causé et non au double ou au quadruple. Cujas donne pour raison de cette règle qu'il serait contraire aux principes généraux que ceux-là pussent intenter l'action qui au nom du même esclave pourraient être soumis à cette action. Ulpien approuve une autre raison présentée par Proculus et Urseius qui consiste à dire que, si l'action noxale est refusée au copropriétaire, c'est pour empêcher les esclaves de changer de maîtres à leur gré (2).

Comme le fait remarquer Accurse, si cette raison était exacte, aucune action noxale ne serait possible, lorsque le propriétaire insolvable se verrait forcé d'abandonner l'esclave ; et, dans le cas qui nous occupe, l'action

---

(1) Loi 61, h. t. Loi 44, *de noxalibus Actionibus*, D., IX, 4.
(2) Loi 27, § 1, *ad Legem Aquil.*, D., IX, 2.

communi dividundo ne devrait point être *quasi noxalis*, car l'esclave changera de maître, si le propriétaire ne peut payer l'estimation du procès.

Cujas pense que les Proculiens différaient d'opinion avec les Sabiniens et refusaient à l'action *communi dividundo* et à l'action *familiæ erciscundæ* le caractère de quasi noxales (1); Ulpien, dans la loi 16, § 6, *Familiæ erciscundæ* (2), n'exprimerait que l'opinion d'Offilius. Il paraît d'ailleurs certain que l'opinion des Sabiniens avait prévalu.

Si nous supposons qu'un esclave appartenant à plusieurs maîtres, commet un vol au préjudice d'un étranger, chacun des maîtres, lorsqu'il sera poursuivi, devra payer la *litis æstimatio* tout entière, et ne pourra se libérer en abandonnant sa part de propriété dans l'esclave ; car, les poursuites commencées, l'action noxale est indivisible (3); mais un recours lui est donné contre ses copropriétaires par l'action *communi dividundo* ou *familiæ erciscundæ* (4).

Lorsqu'un copropriétaire abandonne avant toute poursuite sa part de propriété, il n'a à craindre aucune action, et la partie lésée par le vol, devenue copropriétaire de l'esclave, ne pourra plus intenter contre les autres propriétaires l'action noxale, puisqu'elle n'est point possible entre coassociés, mais l'action *communi dividundo* ou *familiæ erciscundæ ;* on avait hésité, nous dit Ulpien,

(1) Cujas. *Com. in titulum* II *de Furtis*, lib. VI, Code.
(2) X, 2, D.
(3) Loi 27, § 2, *ad Legem Aquil.*, D., IX, 2.
(4) Loi 8, *de noxal. Act.*, IX, 4, D.

à lui donner ces actions, *quod ante communionem admissum est maleficium* (1).

Accurse prétendait que le propriétaire seul pouvait être tenu de l'action noxale, et que le possesseur de bonne foi ne le pouvait pas (2). Cujas ne partageait point cet avis, et, s'appuyant sur un texte d'Ulpien (3), répondait que, si le possesseur de bonne foi ne pouvait transférer la propriété à la partie lésée, il serait tenu d'une action noxale utile et devrait transmettre la possession de l'esclave. Mais, ajoute Cujas, si l'esclave commettait un vol au détriment de son possesseur de bonne foi, ce dernier n'aurait point d'action noxale contre le propriétaire, en vertu du principe que nous avons émis plus haut, d'après lequel celui qui est tenu de l'action noxale ne peut l'intenter. D'ailleurs le propriétaire lui-même, dans le cas où son esclave est possédé par autrui, ne peut être tenu de l'action noxale ; et une semblable décision est donnée par Paul, alors même que le propriétaire a conservé la possession d'un esclave qui est en fuite, mais dont personne ne s'est emparé, car dans ce cas il ne l'a pas *in potestate sua* (4).

L'impossibilité de livrer l'esclave doit arrêter les poursuites de l'action noxale, et nous en avons un exemple dans le cas où l'esclave vient à mourir, mais Africain y ajoute une restriction, *nisi forte quid ex re furtiva ad socium pervenerit* (5). De même, si un esclave

(1) Loi 8, *ejusd. tit.*
(2) Loi 27, § 3, *ad Legem Aquil.*, IX, 2, D.
(3) Loi 11, loi 13 *de nox. Act.*, IX, 4, D.
(4) *Sentences de Paul*, II, 31, § 37. Loi 17, § 3, h. t.
(5) Loi 6, Pr., h. t.

affranchi sous condition par testament commet un vol, puis avant la *litis æstimatio*, devient libre, l'héritier ne pourra être tenu d'aucune action, à moins qu'il n'ait traîné le procès en longueur ; dans ce cas, il sera tenu du payement intégral de la *litis æstimatio*, c'est-à-dire de tout l'intérêt que le demandeur avait à recevoir l'esclave.

S'il y avait eu quelques controverses sur cette matière dans l'ancien droit, Justinien les tranche toutes dans la loi 21, au Code, *de Furtis*, et pose en principe que le possesseur de bonne foi sera tenu de l'action noxale, tant qu'il sera possesseur.

Un esclave affranchi par le testament de son maître pouvait impunément dérober les objets de la succession ; en effet, au moment où le détournement avait eu lieu, l'esclave était censé l'esclave du défunt, et ne pouvait par conséquent être tenu de l'action de vol, et devenant libre par l'adition de l'hérédité, il ne pouvait avoir à craindre le châtiment que lui aurait infligé l'héritier. Le préteur, pour combler cette lacune, se fondant sur les principes de l'équité donna contre l'esclave affranchi une action utile au double, et étendit cette disposition au cas où l'esclave avait fait l'objet d'un legs (1).

Il nous reste à examiner certains cas où un détournement réunissant toutes les conditions exigées par la loi ne donne pourtant point naissance à l'action *furti*, et où la loi pénale suspend ses rigueurs, vu la nature des relations diverses qui existent entre les coupables et la partie lésée. Ainsi le fils de famille ou l'esclave qui dé-

---

(1) Loi 1, § 1 et § 5, *Si is qui testamento liber*, D., XLVII, 4.

tourne un objet appartenant au père ou au maître, ne sera
point poursuivi par l'action de vol. Paul, après avoir considéré ce principe comme étant fondé sur les lois naturelles,
et non comme un établissement du droit civil en donne
cette raison, que nous ne pouvons pas plus agir contre
ceux qui sont en notre pouvoir que nous ne pouvons agir
contre nous-mêmes (1). Ulpien ajoute que celui qui peut
juger et punir le voleur n'a pas besoin de recourir à la
justice (2). Si, après avoir accompli cet acte, l'esclave est
affranchi, le fils de famille émancipé, l'action de vol
n'en sera pas moins refusée ; car, pour caractériser le vol,
on se place au moment où il est commis, et nulle circonstance postérieure ne peut en changer la nature (3).

Ces principes reçurent exception lorsque le fils put
avoir un pécule *castrense ;* dès lors, *cum habeat unde
satisfaciat,* on donna contre lui une action utile (4). Et
Ulpien admet que, si le père a détourné un objet appartenant au pécule *castrense* de son fils, il commet un vol
et doit en être tenu (5). Mais cette action ne pouvant pas
être infamante, à cause du respect que le fils doit à son
père et des intérêts de la famille, était intentée sous la
forme d'une action *in factum* (6). Il en était ainsi de l'action de vol intentée par le fils émancipé contre son père
ou sa mère, par le client ou l'affranchi contre son
patron, par le père ou la mère contre un fils émancipé, et

(1) Loi 16, h. t.
(2) Loi 17, Pr., h. t.
(3) Loi 17, § 1, h. t.
(4) Loi 52, § 5, h. t.
(5) Loi 52, § 6, h. t.
(6) Loi 5, *de obseq. Paren.*, D., XXXVII, 15.

par le maître contre l'affranchi, le client ou celui qui lui avait loué ses services (1). Marcien suspend l'action pour les *viliora domestica furta*, mais il ne parle ici que de l'action publique criminelle et non de l'action privée (2).

Enfin l'action *furti* ne s'applique point aux vols commis par l'un des époux au préjudice de l'autre; par respect pour le mariage, on a voulu écarter ici toute action infamante (3). Nerva et Cassius soutenaient que cette communauté de vie et d'intérêts résultant du mariage effaçait, dans de semblables détournements, les caractères du vol. Mais la plupart des auteurs rejetaient une semblable opinion, et, trouvant dans ce fait réunis tous les éléments du vol, se contentaient d'écarter l'action *furti* et d'y substituer l'action spéciale *rerum amotarum* (4). Cette action, quoique née d'un délit, est *rei persecutoria ;* il ne sera donc point nécessaire de l'intenter dans l'année, et elle pourra passer contre les héritiers (5).

Le détournement devait avoir eu lieu en prévision de la dissolution du mariage, *si divortii consilio res amotæ fuerint et secutum divortium fuerit* (6).

Par exception, bien que la santé du mari se fût rétablie et que la dissolution du mariage n'eût pas eu lieu, une action *rerum amotarum utilis* était donnée contre la femme qui, croyant à la mort prochaine de son mari,

---

(1) Loi 89, h. t.
(2) Loi 11, § 1, *de Pœnis*, D., XLVIII, 19.
(3) Loi 2, *Rerum amotarum*, D., XXV, 2.
(4) Loi 1 *ejusd. titul.*
(5) Loi 21, § 5 *ejusd. titul.*
(6) Loi 25 *ejusd. titul.*

avait détourné des objets qui lui appartenaient (1). Pendant toute la durée du mariage, l'action *rerum amotarum* ne pouvait donc être intentée ; car, bien qu'elle ne fût pas légalement infamante, elle l'était du moins moralement ; et l'époux victime du détournement n'aura qu'une *condictio sine causa* ou *ex injusta causa* (2). Le montant de cette action se calcule comme celui de la *condictio furtiva*, d'après la valeur de l'objet au moment où le détournement a eu lieu, ou, si la valeur a augmenté depuis, au moment où elle a atteint son degré le plus élevé (3).

Nous trouvons un cas exceptionnel où la femme, pour avoir détourné un objet appartenant à son mari, sera tenue de l'action *furti ;* mais ce n'est pas une exception à nos principes, car dans cette hypothèse ce n'est pas le mari qui intente l'action, mais un tiers. Une femme vole entre les mains du commodataire un objet prêté par son mari, le commodataire poursuivi par le mari aura l'action de vol contre la femme (4). Si nous supposons que c'est la femme du commodataire qui détourne l'objet prêté à son mari, le propriétaire devra avoir le choix de poursuivre la femme par l'action de vol ou le mari par l'action *commodati ;* s'il poursuit le mari, il devra lui céder l'action *furti ;* mais alors la question s'était élevée parmi les jurisconsultes de savoir si le mari pourrait exercer contre sa femme cette action *furti* qui lui a été cédée. Justinien tranche les controverses qui avaient divisé les auteurs, en décidant que le mari ne pourra exercer que l'action *re-*

(1) Loi 21, Pr. *ejusd. titul*
(2) Loi 25 *ejusd. titul.*
(3) Loi 29 *ejusd. titul.*
(4) Loi 28 *ejusd. titul.*

rum amotarum, qui, comme le fait remarquer Pothier, ne sera, pendant la durée du mariage, qu'une action utile ou *in factum*. Et de plus, si le mari est solvable, il pourra être seul poursuivi, et le commodant n'aura pas le choix d'intenter l'action de vol contre la femme (1).

Nous devons faire observer que ces différentes classes de personnes, favorisées par la loi, si elles ne sont point tenues de l'action *furti* en leur nom personnel pour les vols qu'elles commettent, le seront du moins au nom de leurs esclaves pour les vols qu'ils ont commis au préjudice de l'un des époux, d'un patron ou d'un parent (2).

Enfin, dans tous ces cas, le bénéfice de la loi est essentiellement personnel, et le détournement commis dans les diverses circonstances que nous avons signalées et avec tous les éléments constitutifs du vol, conserve son véritable caractère à l'égard des complices et des recéleurs qui seront tenus de l'action de vol comme si l'auteur principal en était tenu (3).

§ IV. — De l'extinction de l'action *furti*.

La loi des Douze Tables, laissant à la partie lésée le soin de poursuivre le coupable, et lui abandonnant le montant de la peine à laquelle il avait été condamné, devait lui permettre de transiger sur cette action; et il est probable que l'énormité des peines corporelles qu'elle

---

(1) Loi 22, § 4, *de Furtis*, C., VI, 2.
(2) Loi 52, § 3, h. t.
(3) Loi 36, § 1. Loi 52, Pr. et § 1, h. t.

avait édictées avait pour but d'amener le voleur à cette transaction. Un simple pacte suffisait donc pour faire disparaître de plein droit l'action de vol, contrairement au principe d'après lequel aucune obligation, sauf l'obligation consensuelle, ne pouvait être détruite ou constituée de plein droit par un pacte.

La partie lésée n'est point la seule qui puisse renoncer à cette action ; ses représentants, tels que le tuteur et le curateur, le peuvent aussi (1). L'esclave ou le fils de famille qui ont la libre administration de leur pécule peuvent aussi transiger, bien que l'action dût profiter au maître, à la condition toutefois que cette transaction ne soit point une donation déguisée (2).

Le serment prêté par l'accusé qu'il n'a point commis le vol, et déféré par l'accusateur, a les mêmes effets qu'une transaction (3).

L'action de vol s'éteindra encore par la mort du voleur, mais non pas par son changement d'état ; dans ce cas, en effet, on applique la maxime *noxa caput sequitur* (4). Il en est ainsi lorsque le *paterfamilias* tombe sous la puissance d'un adrogeant, lorsqu'un esclave change de maître, et l'action de vol est alors intentée contre l'adrogeant ou contre le maître sous la puissance duquel se trouve l'esclave au moment où l'action est intentée.

Alors même que le voleur tombe au pouvoir de l'ennemi, l'action de vol sera rendue au moment de son re-

(1) Loi 57, § 5. Loi 56, § 4, h. t.
(2) Loi 52, § 26, h. t.
(3) Loi 52, § 27, h. t.
(4) Loi 41, § 2, h. t.

tour, par la fiction du *postliminium* (1). Enfin si l'esclave est affranchi, il sera seul tenu de l'action *furti*.

La mort ou l'affranchissement de l'esclave volé, la perte de tout autre objet laisseront subsister l'action de vol (2). Il en sera de même de la restitution de l'objet volé; car, dit Ulpien, il ne suffit pas de se repentir pour cesser d'être coupable d'un semblable délit (3).

Il était de principe que, lorsqu'un même vol portait sur plusieurs objets, l'action *furti* devait les comprendre tous, à peine d'être ensuite paralysée par l'exception dilatoire *litis dividuæ*. Mais cette exception n'aurait pu être opposée à celui qui, victime d'un vol commis à la fois par un esclave et par son maître, intenterait contre celui-ci successivement l'action *furti* directe et l'action *furti noxalis* (4). Les mêmes principes sont applicables dans les cas où l'exception *rei residuæ* pourrait être opposée (5).

Il peut arriver que celui qui a été victime d'un vol ait le choix entre deux actions, l'action *furti* et une autre action civile, incompatibles entre elles, si bien que le fait d'en intenter une entraîne nécessairement l'extinction de l'autre. Un esclave vole de l'argent à son maître, le remet à Titius qui n'ignore point le défaut de consentement du propriétaire, et lui donne mandat d'acheter un fonds de terre (6).

---

(1) Loi 41, § 3, h. t.
(2) Loi 46, Pr., h. t.
(3) Loi 65, h. t.
(4) Loi 83, § 1, h. t.
(5) Loi 56, § 5, h. t.
(6) Loi 1, Code, *de Furtis*, VI, 2.

La première action qui s'offre au propriétaire dans une semblable circonstance est l'action de vol contre Titius, et par cette poursuite il méconnaît le mandat donné par son esclave. Mais il peut, s'il le préfère, ratifier le mandat, et, intentant contre Titius l'action *mandati*, réclamer l'immeuble acquis avec ses deniers ; ce choix, reconnaissant comme licite l'acte accompli par l'esclave, fait disparaître toute trace de délit et rend impossible l'action de vol. Il ne faut pas confondre cette solution avec celle que nous trouvons dans d'autres textes, où l'action *furti* concourt avec l'action *mandati;* dans ce dernier cas, en effet, un mandat étant régulièrement donné, le mandataire commet un vol dans l'exercice de ce mandat ; il sera tenu des actions *mandati* et *furti*, qui poursuivent chacune un fait distinct et non incompatible : la première, l'exécution du mandat ; la seconde, le vol qui a été commis (1).

Nous ne verrons pas non plus un cas d'incompatibilité dans cette hypothèse que suppose la loi 14, *Commodati* (2) : un esclave prête un objet qui appartient à son maître, et l'emprunteur le reçoit, connaissant l'intention contraire du propriétaire ; Ulpien donne contre lui l'action de commodat et l'action de vol. Ces deux actions, disent néanmoins Accurse et Bartole, doivent être aussi incompatibles que l'action de mandat et l'action de vol le sont dans la loi 1, au Code, *de Furtis*, car si le propriétaire agit par l'action de commodat, il ratifie le prêt fait

(1) Loi 22, § 7, *Mandati*, D., XVII, 1. Loi 45, *pro Socio*, D., XVII, 2. Loi 22, *Commodati*, D., XVII, 6.
(2) XIII, 6.

par l'esclave et renonce à l'action de vol : de même, s'il intente l'action de vol, il méconnaît le commodat et perd l'action *commodati*. Cette opinion paraît reconnue par Javolenus dans la loi 71, Pr., *de Furtis*. Mais nous pensons que l'assimilation faite par Accurse et Bartole est inexacte, et que le maître victime du vol pourra intenter à la fois l'action *commodati* et l'action *furti*.

SECTION II

DE LA *Condictio furtiva*

Nous trouverons, en déterminant les caractères de la *condictio furtiva*, de nombreuses différences avec l'action *furti*, car ces deux actions ont un but essentiellement divers : le but de l'action *furti* est la répression d'un délit, la condamnation à une peine, le châtiment infligé à la culpabilité ; le but de la *condictio furtiva* est la réparation du dommage causé, le recouvrement de la chose soustraite. Cette différence capitale les rendant indépendantes l'une de l'autre, en permet le concours, sans que l'exercice de l'une puisse empêcher l'exercice de l'autre.

La *condictio furtiva* est donnée au propriétaire, et au propriétaire seul, nous dit Ulpien (1 . Cette application de la *condictio* est une dérogation remarquable au principe d'après lequel la *condictio* ne peut être intentée par celui qui, se prétendant propriétaire et réclamant ce qui

(1) Loi 1, *de Condictione furtiva*. D , XIII, 1.

lui appartient, ne peut insérer dans la formule *si paret...
dare oportere*.

C'est en haine des voleurs, et pour les soumettre à un
plus grand nombre d'actions, qu'une semblable dérogation a été introduite (1). D'ailleurs on peut l'expliquer par
cette fiction : le propriétaire consent à se dépouiller de
son droit de propriété en faveur du voleur, qui, acquérant
cet objet *ob turpem causam*, puisque le vol n'est pas une
cause légitime d'acquisition, se trouve tenu de le retrans-
férer ; et, si cet objet vient à périr, il sera tenu d'en payer
la valeur, et il ne pourra opposer la maxime : *debitor rei
certæ interitu rei liberatur*, car on lui répondrait que
cette maxime ne peut être invoquée par le débiteur en
demeure, et il a été constitué en demeure par le fait seul
du vol.

Il faut donc être propriétaire et l'être non-seulement
au moment du vol, mais aussi au moment où l'action est
intentée, à moins que dans l'intervalle la chose n'ait
péri, ou que la propriété n'ait été transférée par un fait
indépendant de la volonté du propriétaire, auxquels cas
il suffira d'avoir été propriétaire au moment du vol ;
ainsi, la chose vient à périr entre les mains du voleur, ou
l'objet qui m'a été soustrait m'appartenait en copro-
priété avec un tiers; plus tard par l'effet de l'action
communi dividundo, l'indivision cesse, je n'aurai droit à
la *condictio* que si j'ai été défendeur à cette action en
partage, et non pas si je l'avais moi-même provo-
quée (2).

(1) Gaius, *Com.*, IV, § 4. *Inst.*, IV, 6, § 14.
(2) Loi 12, § 1, *de Condictione furtiva*, D., XIII, 1.

Mais si j'aliène l'objet dont j'étais propriétaire unique, ou si je le lègue purement et simplement soit au voleur lui-même, soit à un tiers, je perds ou fais perdre à mon héritier la *condictio* sans pouvoir la transmettre à l'acquéreur ou au légataire qui n'ont pas été propriétaires de la chose au moment du vol, mais qui auront au moins la revendication (1). Cette solution ne serait donnée que lorsque l'objet a été légué purement et simplement, car, si le legs avait été fait sous condition, l'héritier propriétaire jusqu'à l'arrivée de la condition, succédant à tous les droits du défunt, pourrait intenter la *condictio*, mais si la condition arrive même après la *litis æstimatio*, mais avant la condamnation, l'héritier cessant d'être propriétaire par le fait du testateur n'a plus aucun intérêt à recouvrer la chose, et perd le droit d'intenter la *condictio*. Nous donnerons la même solution, lorsque c'est un esclave qui a été volé et auquel la liberté a été léguée sous condition (2).

Lorsque les textes disent que la *condictio furtiva* ne peut appartenir qu'au *dominus*, ils n'entendent parler que de la *condictio certi*. Mais tous autres intéressés, tels que le commodataire, le dépositaire, l'usufruitier ou le créancier gagiste, peuvent intenter une autre *condictio*, la *condictio incerti*, et réclamer ainsi la possession ou l'usage dont ils ont été privés par le vol. Nous ne devons donc pas nous en tenir à la généralité des termes de la loi 1, *de Condictione furtiva*, et de la loi 14, § 16, *de*

(1) Loi 11 *ejusd. titul.*
(2) Loi 14, Pr., *ejusd. titul.*

Furtis; et, si Ulpien, dans la loi 12, § 2, *de Condictione furtiva*, ne fait que rapporter la doctrine de Neratius et d'Ariston qui donnait au créancier gagiste la *condictio incerti*, il semble bien adopter cette opinion dans la loi 22, Pr., *de pigneratitia Actione*, XIII, 7, puisqu'il suppose le créancier gagiste en possession de cette même *condictio*.

La *condictio* est donnée contre tout voleur, qu'il soit ou non manifeste, qu'il ait commis un *furtum rei* ou un *furtum usus*, en tant que dépositaire ou commodataire ; et, dans ce dernier cas, elle sera plus avantageuse au propriétaire que l'action *depositi* ou *commodati*, car elle est donnée contre eux, alors même que la chose aurait péri par cas fortuit (1).

La *condictio furtiva*, n'ayant point un caractère pénal, mais étant *rei persecutoria*, pourra être donnée contre l'héritier du voleur, même après la perte de la chose, et non-seulement pour ce dont il a profité, mais pour la totalité, s'il est héritier unique, et s'il vient en concours avec plusieurs héritiers pour une part proportionnelle à sa part héréditaire (2). Nous trouvons ici une dérogation au principe d'après lequel l'héritier n'est tenu du délit d'un défunt qu'en proportion du profit qu'il en a tiré.

Cujas (3) soutient que l'héritier ne peut être ainsi tenu de la *condictio furtiva* que lorsque cette action aura été intentée du vivant du défunt ; d'après lui, la loi 7, § 2, *de Condictione furtiva*, ne s'appliquerait qu'à cette hypo-

---

(1) Loi 16 *ejusd. titul.*
(2) Loi 7, § 2. Loi 9 *ejusd. titul.*
(3) Liv. VII, *Observationes*, ch. XXXVII.

thèse, et il tire argument des lois 9, § 7, et 10, *de Tutelæ et rationibus distrahendis*, D., XXVII, 3, qui semblent faire disparaître la *condictio furtiva* à la mort du tuteur; mais rien ne nous prouve que Paul, dans la loi 10, ait voulu parler de la *condictio furtiva*.

Nous avons vu que le complice était toujours tenu de l'action *furti;* pourra-t-il de même être poursuivi par la *condictio furtiva?* La loi 6, *de Condictione furtiva*, la refuse en termes précis : *Si ope consiliove alicujus furtum factum sit, condictione non tenebitur.* La loi 3, du même titre, semble donner la même solution, accordant la *condictio* uniquement contre le voleur ou son héritier. Mais Paul, dans la loi 53, § 2, *de Verborum significatione*, D., L., 16, distingue très-nettement la complicité *ope* et la complicité *consilio*, accordant la *condictio* contre la première, la refusant contre la seconde, *alii condici potest, alii non potest.* Sur l'explication de ces textes, les interprètes se sont divisés. Dufaur, maintenant le principe émis dans les deux premiers textes, soutient que Paul, dans la loi 53, § 2, n'a voulu parler que de ce complice, qui n'est point, il est vrai, l'auteur principal, mais dont l'acte suffirait à lui seul et indépendamment de tout autre, pour le faire considérer comme un vol. Donneau veut concilier les deux textes en disant que le complice *ope* peut être tenu d'une *condictio* utile, encore faudra-t-il que le voleur et ses héritiers ne puissent plus être tenus de la *condictio.* Pothier explique la loi 6 en disant qu'elle ne prévoit que l'assistance morale; mais on peut lui répondre qu'Ulpien parle de la complicité d'une manière générale.

Quant à nous, nous croyons que la loi 6 veut parler
du cas le plus fréquent de complicité *ope*, celui où le vol
est facilité sans appréhension matérielle de l'objet, tandis
que la loi 53, § 2, qui d'ailleurs ne pose pas un principe
absolu pour la complicité *ope*, mais ne parle que de la
possibilité de la *condictio*, *condici potest*, suppose le cas
où l'assistance a consisté dans la possession ou le recel de
l'objet. Cette distinction s'expliquerait aisément en raison
du caractère persécutoire de la *condictio*, et Ulpien nous
dit qu'il faut emporter l'objet pour être tenu de la *condictio* (1).

La *condictio* n'ayant pour but que le recouvrement de
l'objet volé, ne pourra être donnée successivement contre
chacun des auteurs du vol, mais *in solidum* contre l'un
d'eux, et le payement fait par l'un libérera tous les autres (2).

Le maître est tenu de la *condictio furtiva* pour le vol
commis par son esclave ou par un fils de famille, mais
seulement jusqu'à concurrence du profit qu'il en a tiré,
et si le fils de famille avait un pécule, le père ne serait
tenu *de peculio* que dans les mêmes limites (3). L'action
pourrait en outre être intentée contre le fils lui-même (4).
D'ailleurs Pothier soutient que le maître ne sera jamais
tenu de faire abandon noxal de son esclave, car la *condictio* poursuivant la restitution d'une chose est de la nature des actions réelles et ne peut être noxale. La loi 15,

(1) Loi 21, § 10, h. t.
(2) Loi 1, Code *de Condictione furtiva*, IV, 8.
(3) Loi 4. Loi 19 *ejusd. titul.* Loi 3, § 12, D., *de Peculio*, XV, 1.
(4) Loi 5 *ejusd. titul.*

de Condictione furtiva, en est la preuve, puisqu'elle nous dit que l'esclave coupable de vol ne peut être tenu de la condictio, s'il devient libre, disposition inconciliable avec ce principe des actions noxales, *noxa caput sequitur*. Quant à ce texte d'Ulpien, qui parait en opposition avec cette doctrine, *in residuum, noxæ servum dominus dedere potest* (1), Pothier l'explique en disant qu'il ne s'applique qu'à l'action pénale.

La *condictio furtiva* doit comprendre, à défaut de la restitution de l'objet volé, son estimation calculée sur l'intérêt de la partie lésée, en prenant la plus haute valeur que l'objet aura atteinte depuis le vol, car le voleur, étant en demeure, est responsable de toutes les détériorations arrivées même par cas fortuit (2). Ce principe, posé par Ulpien, n'est point en contradiction avec un autre texte où le même jurisconsulte s'exprime ainsi : *Condictio autem ex causa furtiva non egreditur retrorsum judicii accipiendi tempus* (3). Ici, en effet, Ulpien, faisant ressortir la différence qui existe entre l'estimation de l'action de la loi Aquilia et celle de la *condictio furtiva*, montre que dans la première on peut se placer à un moment antérieur au délit, tandis que dans la seconde on doit se placer à un moment où l'action a déjà pris naissance.

L'estimation de l'objet volé dans la *condictio* comprendra l'augmentation de valeur provenant des dépenses et des soins apportés par le voleur. Un lingot d'argent a

---

(1) Loi 4 *ejusd. titul.*
(2) Loi 8, § 1 *ejusd. titul.*
(3) Loi 2, § 3, D., *de privatis Delictis*, D., XLVII, 1.

été volé, puis ciselé par le voleur qui en a fait une coupe, le propriétaire réclamera l'estimation de la plus value provenant de ce travail (1). On devra de même estimer non-seulement la valeur de l'objet, mais aussi tout le dommage que le propriétaire a éprouvé par suite de la perte de la chose, ainsi l'évaluation comprendra tous les fruits perçus par le voleur et même ceux qui, ne l'ayant pas été, auraient dû l'être (2). De même, dans le cas où un esclave institué héritier est volé et meurt chez le voleur avant d'avoir fait adition, le propriétaire aura droit à la valeur de toute l'hérédité (3).

La *condictio* est éteinte dès que le propriétaire est rentré en la possession de sa chose, ou lorsque le voleur a payé le montant de la condamnation. Mais la transaction intervenue sur l'action *furti* la laisse subsister, car si elle écarte l'action pénale, elle ne fait point recouvrer la possession de l'objet volé (4).

La *condictio* peut être intentée, même après la perte de la chose par cas fortuit, puisque le voleur est en demeure; mais cette responsabilité devra cesser, si le voleur a régulièrement offert au propriétaire la restitution de la chose, et que celui-ci l'ait refusée (5), ou s'il y a eu par la novation substitution d'une autre obligation à la première qui se trouve éteinte (6).

---

(1) Loi 13 *ejusd. titul.*
(2) Loi 8, § 2 *ejusd. titul.* Loi 62, § 1, *de rei Vindicatione*, D., VI, 1.
(3) Loi 3 *ejusd. titul.*
(4) Loi 7, Pr., *ejusd. titul.*
(5) Loi 91, § 3, *de verborum Obligationibus*, D., XLV, 1.
(6) Loi 29, § 1. Loi 82, Pr., *ejusd. titul.*

CHAPITRE III

Le vol, chez les Romains, produisait un effet remarquable sur l'objet volé : il en fixait définitivement la propriété dans le patrimoine du *dominus* dépossédé, en rendant l'usucapion impossible, et permettait au propriétaire de revendiquer ce qui lui appartenait, à n'importe quelle époque, et contre tout possesseur même de bonne foi.

Ce vice avait été imprimé à l'objet volé, par la loi des Douze Tables, qui s'exprimait ainsi : *Furtivæ rei æterna auctoritas esto*, et cette disposition était reproduite par la loi Atinia dont les termes nous sont rapportés par Aulu-Gelle : *Quod subreptum erit, æterna auctoritas esto.* Ceci expliquerait pourquoi les Instilutes signalent la loi des Douze Tables et la loi Atinia, tandis que Gaius ne parle que de la loi des Douze Tables (1). La loi Atinia ne faisait-elle que répéter ce qui avait été dit dans la loi des Douze Tables ? Cette opinion nous paraît assez probable en présence de cette identité de termes que nous remar-

---

(1) § 2, *Institutes* de Justinien, II, 6. *Institutes* de Gaius, Com., II, § 45.

quons dans les deux lois. Cependant, plusieurs auteurs
ont voulu soutenir que la loi Atinia contenait une innovation, les uns en disant qu'elle avait posé le principe qui
autorise l'usucapion au cas où l'objet volé est revenu
entre les mains du propriétaire, les autres qu'elle avait
étendu, au cas où l'objet avait passé entre les mains d'un
possesseur de bonne foi, l'application de la loi des
Douze Tables qui se contentait d'arrêter l'usucapion
entre les mains du voleur.

Ces deux interprétations ne nous paraissent pas
fondées, car, d'une part, si on adoptait la seconde, la
loi des Douze Tables n'aurait fait que reproduire un
principe incontestable, puisque le voleur ne peut usucaper, n'ayant ni la *bona fides*, ni une *justa causa*; d'autre
part, la première attribuerait à la loi Atinia un principe
qui, par la force même des choses, devait exister sous la
législation des Douze Tables, car, du moment que
l'objet est revenu entre les mains du propriétaire, le vice
qui lui était imprimé n'a plus sa raison d'être. Paul,
dans deux textes différents (1), semble se rallier à la
première interprétation, puisqu'il nous dit que la loi
Atinia permettait l'usucapion lorsque l'objet volé était
revenu en la possession du propriétaire ; mais il ne nous
indique pas si cette disposition était une innovation ou
une reproduction. Il paraît, d'ailleurs, probable que la
loi Atinia expliquait la règle énoncée en termes laco-
niques par la loi des Douze Tables, et déterminait, par

---

(1) Loi 215 *in fine, de verborum Significatione*, D., L, 16. Loi 4,
§ 6, *de Usurpationibus*, D., XLI, 3.

exemple, les cas où la chose serait considérée faire retour au propriétaire.

Paul nous dit que l'objet fait avec la chose volée n'est point susceptible d'usucapion, et que la spécification n'enlève pas à l'objet son vice primitif (1). Telle était l'opinion des Sabiniens, qui en pareille hypothèse conservait au propriétaire de la matière son droit de propriété. Les Proculiens au contraire transferaient ce droit au spécificateur. Suivant la doctrine mixte de Justinien, nous dirons que si l'objet peut revenir à sa forme primitive, il n'a point cessé d'appartenir à son ancien propriétaire et sera toujours considéré comme objet volé, que s'il ne peut y revenir, c'est un objet nouveau qui par droit d'occupation appartient en pleine propriété au spécificateur, et qui ne peut plus être entaché du vice de furtivité ; néanmoins le spécificateur sera tenu de l'action *furti* et de la *condictio* comme ayant cessé de posséder l'objet primitif par son dol.

Les fruits produits par l'objet volé sont eux-mêmes furtifs lorsqu'ils sont perçus par le voleur ou un possesseur de mauvaise foi, mais s'ils le sont par un possesseur de bonne foi, ils lui appartiennent par le fait même de leur perception (2). Ce principe est étendu par Paul au croît des animaux né chez un possesseur de bonne foi, sans qu'il soit nécessaire de rechercher s'il a été ou non conçu chez lui (3). Ulpien est d'un avis contraire (4), il assimile le

(1) Loi 4, § 20, *de Usurpationibus*, D., XLI, 3.
(2) Loi 4, § 19, D., *de Usurpationibus*, XLI, 3.
(3) Loi 48, § 2, D., *de acquirendo rerum Dominio*, XLI, 1.
(4) Loi 48, § 5, h. t.

croît d'un animal au part d'une esclave, et exige que
tous deux aient été conçus chez un possesseur de bonne foi,
pour qu'ils soient susceptibles d'être usucapés. Quelques
auteurs ont voulu concilier ces deux textes en ajoutant
au passage d'Ulpien une négation qui refuserait l'assimilation, *non idem in pecudibus.* Mais rien n'autorise à soup-
çonner une interpolation en présence des versions identiques de la Florentine, de la Vulgate et des Basiliques.

Néanmoins Ulpien reconnaît une différence entre le
croît des animaux et le part de l'esclave dans les moyens
d'acquérir chacun d'eux, le premier s'acquiert comme un
fruit dès le moment de la naissance, et peut être reven-
diqué, tandis que le second ne peut être acquis que par
usucapion et doit être réclamé par l'action publicienne (1).

Le part de l'esclave volée, pour pouvoir être usucapé,
doit avoir été conçu et être né chez un possesseur de
bonne foi (2). A cette double condition Ulpien en ajoute
une autre, en rendant nécessaire la bonne foi du possesseur au moment où l'action publicienne est intentée (3).
Pomponius soutient la même idée dans le cas qui nous
occupe (4), et plusieurs auteurs ont voulu trouver entre
ces deux jurisconsultes une similitude d'opinion, mais nous
croyons que, si Pomponius a posé ce principe d'une
manière générale, Ulpien n'a voulu l'appliquer qu'au cas
spécial de donation.

Si la conception et l'accouchement ont eu lieu chez

(1) Loi 48, § 6, h. t.
(2) Loi 33, *de Usurpationibus*, D., XLI, 3.
(3) Loi 11, § 3, D., *de publiciana in rem Actione*, VI, 2.
(4) Loi 4, Pr., D., *Pro suo*, XLI, 10.

l'héritier du voleur, comme celui-ci continue la personne du défunt, il ne pourra invoquer le bénéfice de l'usucapion (1). Ulpien nous rapporte que Scævola soutenait une opinion opposée, qui paraît d'ailleurs être restée isolée (2).

Le vice imprimé par le vol subsistera jusqu'à ce que le propriétaire, et non pas la personne victime du vol, soit rentré en la possession de l'objet volé (3). Et si le débiteur qui a constitué le gage reprend lui-même la chose au créancier, il pourra être tenu de l'action de vol, mais l'objet volé ne pourra être atteint du vice de furtivité, puisqu'il est revenu entre les mains du propriétaire ; on peut ajouter que le vol, pour entraîner l'impossibilité d'usucaper, doit porter sur l'objet lui-même et non sur la possession.

Il ne suffira point que la chose soit en fait rentrée au pouvoir du propriétaire, il faut que celui-ci en ait repris possession, ayant conscience de son droit de propriété sur elle, et sans ignorer le vol qui a été commis à son égard (4).

Le procureur peut acquérir la possession pour son mandant et à son insu. Cependant, s'il recouvre l'objet volé, l'usucapion ne sera permise que lorsque le propriétaire aura eu connaissance de cette restitution (5).

Cependant il ne sera point nécessaire que le propriétaire sache que la chose lui a été restituée, toutes les fois

(1) Loi 4, § 15, D., *de Usurp.*
(2) Loi 10, § 2 *ejusd. titul.*
(3) Loi 4, § 6 *ejusd. titul.*
(4) Loi 4, § 12 *ejusd. titul.* Loi 7, § 7, D., *pro Emptore*, XLI, 4.
(5) Loi 11, D., *ejusd. titul.*

que, ayant été soustraite par celui qui en était le possesseur ou le détenteur légitime, celui-ci en a repris possession avant que le propriétaire ait connu le vol ; Paul
nous donne comme exemple le cas où un dépositaire a
vendu la chose qui lui a été remise en dépôt, et, revenant
sur l'acte frauduleux qu'il a accompli, rachète cet objet
et continue à le posséder comme dépôt (1). Mais si le
propriétaire a connu le vol, il doit aussi connaître le recouvrement par le dépositaire (2). L'objet volé est encore
susceptible d'usucapion, lorsque le propriétaire s'est dépouillé de sa propriété en faveur du voleur, soit en lui
donnant l'objet, soit en le lui vendant, ou lorsque par la
condictio furtiva il a obtenu l'estimation à défaut de la
restitution (3).

Jusqu'à Théodose, la revendication du propriétaire d'un
objet volé n'était limitée par aucun laps de temps, même
contre le possesseur de bonne foi. Théodose restreignit
cette revendication au délai de trente ans, en donnant au
possseseur de bonne foi une exception pour repousser la
revendication du propriétaire. Justinien va plus loin et lui
accorde une action utile en revendication (4).

Un édit de Marc-Aurèle permettait à celui qui de
bonne foi ou de mauvaise foi achetait du fisc une chose
appartenant à autrui, de repousser la revendication lorsqu'il se serait écoulé un délai de cinq ans depuis la
vente (5).

(1) Loi 4, § 10 *ejusd. titul.*
(2) Loi 4, § 7 *ejusd. titul.*
(3) Loi 4, § 13 et 14 *ejusd. titul.* Loi 84, h. t.
(4) Loi 8, § 5, *de Præscript. XXX vel XL annorum*, Code, VII, 39.
(5) *Institutes*, § 14, II, 6.

L'empereur Zénon favorise encore davantage tous ceux qui reçoivent du fisc une chose à titre de vente ou autrement, puisqu'il les rend immédiatement propriétaires et leur donne non-seulement une exception mais aussi une action en revendication, *sive experiantur, sive conveniantur* (1). Cette dernière proposition paraît bien ressortir du § 14 des *Institutes*, II, 6.

Enfin Justinien appliqua les dispositions favorables de l'édit de Zénon à toutes les choses qui seraient aliénées par lui ou par l'impératrice ; car, dit-il, il est irrationnel de ne pas appliquer au trésor impérial les principes qui régissent le fisc, *cum omnia principis esse intelliguntur, sive ex sua substantia, sive ex fiscali fuerit aliquod alienatum* (2).

---

(1) Loi 2, Code, *de quadrienni Præscriptione*, VII, 37.
(2) Loi 3, Code, *ejusd. titul.*

DROIT FRANÇAIS

NOTIONS HISTORIQUES

Le vol, d'après la loi salique, dut être, comme tout autre délit, soumis aux systèmes des compositions pécuniaires (1) ; mais cette condamnation avait pour sanction, si le voleur était hors d'état d'y satisfaire, la mise à mort du coupable, d'après une loi de Childebert et de Clotaire II. Charlemagne, substituant une peine corporelle à cette peine pécuniaire, décida que le premier larcin serait puni de la perte d'un œil, le second, de la mutilation du nez, le troisième, de mort. « Depuis ce temps, nous dit Muyart de Vouglans (2), nous voyons, à mesure que

---

(1) La loi salique, sur 343 articles de droit pénal, en avait 150 se rapportant à des cas de vols ; et dans ce nombre, 74 articles prévoient et punissent le vol d'animaux. — Voir Guizot, *Histoire de la Civilisation en France*, tome I, p. 272.

(2) *Lois crim.*, p. 282.

l'argent est devenu plus commun dans le royaume, et que le luxe s'est augmenté avec la fortune, la peine de ce crime devenir plus rigoureuse. » En effet, saint Louis, plus sévère que ses prédécesseurs, condamne à mort quiconque enlève de force la bourse d'un passant sur la voie publique, et tout voleur domestique. Deux ordonnances de François 1er, l'une de 1534 et l'autre du 9 mai 1539, toutes deux encore en vigueur dans le dernier état de notre ancien droit, faisaient preuve d'une égale sévérité à l'égard des vols avec effraction, escalade ou fausses clefs, ou commis avec armes apparentes ou cachées, masques ou déguisements. La plupart des autres vols, accompagnés de circonstances aggravantes et qui prenaient déjà dans notre ancien droit le nom de vols qualifiés, furent successivement prévus et punis par des ordonnances.

Mais si nos anciennes lois s'occupent des vols les plus graves, elles ne contiennent aucune disposition concernant les vols simples, à l'exception de quelques coutumes particulières de Bretagne, de Bourgogne et de Nivernais. La coutume de Bretagne (art. 628) était la plus sévère, condamnant à mort le vol simple d'un objet excédant dix livres, en laissant toutefois cette peine à l'arbitrage du juge qui devait apprécier la qualité et les circonstances du crime. Les deux autres coutumes avaient, sauf quelques différences, reproduit les dispositions des capitulaires de Charlemagne, et suivaient, en cas de récidive, sa gradation jusqu'à la peine de mort. Dans toutes les autres coutumes muettes sur ce point, le juge avait un pouvoir arbitraire, et on se plaignait de sa trop grande indulgence. Ce ne fut que l'ordonnance du 14 mars 1724 qui régle-

menta spécialement cette matière, punissant le vo.
simple de la peine du fouet et de la marque, et en cas
de récidive, de la peine des galères à temps ou à perpétuité.

Notre ancienne législation, montrait donc une rigueur
excessive dans l'ensemble des pénalités infligées au vol :
d'une part, prodiguant la peine de mort pour des vols de
peu d'importance, infligeant cette peine, pour n'en citer
qu'un exemple, à celui qui était surpris volant à l'audience,
dans une maison royale ou dans l'hôtel des Monnaies,
quelle qu'eût été la valeur de l'objet volé; d'autre part,
multipliant les cas de vols qualifiés, y comprenant même
tous ceux commis dans les lieux et places publics sur
des objets de la plus minime valeur, et leur infligeant la
marque, le bannissement ou les galères. Un autre reproche non moins grave que l'on peut adresser à notre
ancienne législation pénale, est celui d'accorder aux juges
un arbitraire trop absolu dans la détermination de la nature et de l'étendue des peines ; si le *minimum* était fixé,
le *maximum* pouvait, dans certains cas, s'élever, suivant
l'appréciation personnelle du magistrat, jusqu'à la peine
de mort, et nous trouvons répétés, dans un grand nombre
d'articles de nos anciennes ordonnances pénales, ces
mots : « *Le tout sans préjudice de la peine de mort, s'il
y échet, suivant l'exigence des cas,* » ou encore, « *sans
préjudice de plus grande peine, etc.,* » s'en rapportant
ainsi à la conscience du juge.

Nous devons toutefois reconnaître que les tribunaux
n'abusèrent point de la latitude qui leur était accordée,
et qu'une jurisprudence constante, plus douce et plus

mesurée, se substitua aux ordonnances royales et modifia, en les tempérant, les pénalités rigoureuses qui y étaient édictées. De plus, cet arbitraire avait été rendu nécessaire par le silence que le législateur avait gardé sur les cas où plusieurs des circonstances aggravantes se trou· veraient réunies et devraient entraîner une peine plus sé· vère.

Cette grave omission résulte du défaut d'unité de notre ancienne législation pénale; les ordonnances s'étaient succédé envisageant isolément chacune des circonstances qui pouvaient accompagner un vol, et infligeant à chacune d'elles la peine qu'elles croyaient utile à la société de lui appliquer, sans rechercher si cette peine était en harmonie avec celles que subissaient des crimes plus graves, et sans établir une différence dans la pénalité en rapport avec la différence qui existait dans la criminalité des actes qu'elles châtiaient. Ainsi la peine de mort était appliquée à des crimes de la nature la plus diverse, au vol domestique comme à l'assassinat, et pour réparer cette injuste assimilation, on variait le genre de mort, augmentant les supplices pour les actes les plus criminels.

Ce défaut d'harmonie pouvait parfois entraîner de dangereuses conséquences; en effet, pour n'en citer qu'un exemple, condamner à la peine de mort l'assassin et le voleur sur les grands chemins, c'était encourager l'assassinat, et, comme dit Merlin, « exposer la tête du citoyen pour garantir sa fortune. » Le malfaiteur préférera commettre deux crimes au lieu d'un et assurer l'impunité du vol en tuant les témoins qui pourraient déposer contre

lui. Cette anomalie avait déjà soulevé quelques critiques
dans notre ancien droit, car nous voyons Muyart de Vouglans, pour prouver que « ces critiques sont aussi peu
réfléchies que dangereuses, » donner cette raison singu-
lière, « que le voleur, en se portant à ce dernier excès,
ne fait qu'assurer par là d'autant mieux sa perte, en ce
qu'il excite contre lui l'activité des poursuites auxquelles
on le voit rarement se soustraire ; tandis qu'au contraire,
en ne s'en tenant qu'au simple vol, qui n'intéresse que
les particuliers, il est rarement poursuivi, et encore plus
rarement puni, par le défaut de preuves suffisantes. » Et
le jurisconsulte ajoute cette raison, qui montre encore un
des vices de notre ancienne instruction criminelle : « L'assassinat étant du nombre de ces crimes *occultes* qui peuvent se prouver par de simples indices, celui qui le commet s'expose à être beaucoup plus aisément convaincu
que celui qui s'abstient de tuer, en ce qu'il pourrait s'élever contre lui une foule de témoins *muets* que n'aurait
point à craindre ce dernier (1). »

Le Code du 5 octobre 1791 vint réformer notre ancienne législation pénale et fit disparaître les vices que
nous y avons signalés ; mais ses dispositions nouvelles,
animées d'un esprit de réaction assez commun à cette
époque, tombèrent dans un excès contraire. Voulant,
d'une part, adoucir la rigueur des peines, il manqua de
sévérité à l'égard des vols les plus graves, puisque la
peine ne pouvait s'élever au-dessus de vingt-quatre années de travaux forcés (art. 5). D'autre part, dans le but

(1) *Lois crim.*, p. 303.

de retirer ce pouvoir presque absolu d'appréciation anciennement accordé aux tribunaux, et qui avait permis à la jurisprudence d'exercer à certains égards le pouvoir législatif, il détermina un ensemble de peines fixes et invariables que le juge devait nécessairement appliquer, sans pouvoir, même dans une certaine limite, en mesurer l'étendue sur le degré de perversité du coupable, ou suivant les circonstances accessoires qui auraient légitimé une atténuation. Il ne se contente donc pas d'indiquer un genre de peines, en laissant aux juges une certaine latitude pour en fixer le quantum, mais il spécifie lui-même un nombre déterminé d'années, tenant compte, dans le montant de la condamnation, de chacune des circonstances qui ont accompagné le vol.

Le Code du 9 octobre 1791 ne s'occupait que des vols qualifiés ; un décret du 22 juillet 1791, relatif à l'organisation d'une police municipale et correctionnelle, punissait tous les vols simples d'un emprisonnement qui ne pouvait excéder deux années.

Cette législation, assez douce dans son ensemble, dut être modifiée quelques années plus tard pour mettre un terme aux actes de brigandage qui, profitant des troubles politiques, tendaient à se multiplier. Une loi du 26 floréal an V prononçait la peine de mort pour tout vol commis dans l'intérieur d'une maison avec des circonstances spéciales qu'elle indiquait. Ces dispositions furent étendues, par la loi du 29 nivôse an VI, aux vols commis sur les grandes routes, mais cette loi temporaire n'eut force que pendant deux ans. Une loi du 25 frimaire an VIII attribue aux tribunaux de police correctionnelle la connaissance de plusieurs vols punis antérieurement comme crimes.

Toutes ces lois vinrent se réunir et se fondre dans le Code pénal de 1810, qui, plus sévère que le Code de 1791, prononça la peine des travaux forcés à perpétuité, et même la peine de mort dans un cas spécial (art. 381); il sut aussi éviter le reproche dirigé contre la législation antérieure, en laissant aux tribunaux une certaine latitude d'appréciation, si ce n'est sur la nature, du moins sur l'étendue de la peine.

Plus tard, les peines édictées en 1810 parurent trop sévères, et une loi du 25 juin 1824 accorde aux juges une liberté plus grande d'atténuation. La loi du 28 avril 1832, faisant disparaître la peine de mort dans le cas spécial prévu par l'art. 381, et y substituant la peine des travaux forcés à perpétuité, dut adoucir l'ensemble de ses pénalités pour les mettre en harmonie avec la réforme qu'il venait d'introduire. Enfin, une loi récente du 13 mai 1863 est venue réviser notre législation pénale, soit en punissant des peines du vol certains actes jusque-là restés impunis, soit en diminuant la pénalité préexistante et modifiant dans certains articles quelques erreurs de rédaction échappées au législateur de 1832.

CHAPITRE I

ÉLÉMENTS CONSTITUTIFS DU VOL (1).

Nous avons vu, en parlant de la législation romaine, que, des deux définitions données par le jurisconsulte Paul, une seule avait été insérée au Digeste, parce que seule elle indiquait tous les éléments constitutifs du *furtum* romain ; l'autre, qui fut rejetée comme étant trop générale, était ainsi conçue : *Fur est qui dolo malo rem alienam contrectat;* c'est elle que nous retrouvons tra-

---

(1) « Nous ne trouvons aucun mot simple dans les langues latines, grecques, celtiques ou germaines, dont on puisse faire dériver le mot *voler* signifiant *soustraire*. De plus, il nous paraît difficile de se contenter de cette origine vulgaire qu'on est tenté de lui donner, et qui consiste à dire que le voleur est ainsi appelé parce qu'il échappe, comme un oiseau, aux poursuites dirigées contre lui, ou parce qu'il a fait disparaître la chose comme si elle avait pris le vol. La seule explication probable nous paraît être celle-ci : La loi salique et nos anciens auteurs, pour désigner le fait de soustraire un objet qui ne nous appartenait pas, se servaient du mot *embler* : *Il est larron, qui larron emble.* Ce mot dérive du mot *ambulare*, qui lui-même vient du mot *involare*, et ce dernier mot était employé à Rome pour désigner le fait de se précipiter sur quelqu'un ou sur quelque chose pour s'en emparer : *Adeoque improvisi castra involavere.* (Tacite, II, 4, 33.) *Remitte pallium mihi meum quod involasti.* (Catulle, 25, 6.) Il est donc probable que ces deux mots *embler* et *voler* dérivent du même mot *involare* et n'ont point voulu désigner la fuite rapide du voleur ou de l'objet volé, mais la prise de possession et la saisie de cet objet. Nous ajouterons que, dans la langue italienne moderne, nous trouvons le mot *involare* ayant le sens de *dérober*, et le mot *involio* celui de *vol*. » (*Lectures on the Science of language*, by Max Muller, second series, p. 290.)

duite, mot pour mot, dans notre Code pénal : « Quiconque a soustrait frauduleusement une chose qui ne lui appartient pas, est coupable de vol » (art. 379). Ces deux définitions seraient identiques, si le mot soustraction avait chez nous le sens et la portée que les Romains donnaient au mot, *contrectatio*, mais nous aurons l'occasion de signaler une différence importante entre ces deux expressions.

Trois conditions sont exigées par l'art. 379, pour que le délit de vol prenne naissance : 1° il faut qu'il y ait soustraction d'une chose ; 2° la soustraction doit être frauduleuse ; 3° la soustraction doit porter sur une chose appartenant à autrui.

1° *Soustraction.*

Que faut-il entendre par ce mot, soustraction ? Devons-nous lui donner le sens que les Romains attachaient au mot *contrectatio* et n'exiger que le fait d'appréhender ou de toucher un objet qui appartient à autrui ? Devons-nous, au contraire, interprétant ce mot dans un sens plus étroit, mettre comme condition l'enlèvement ou le déplacement de l'objet ? La première doctrine, qui a été soutenue par Merlin (1), aurait cet avantage considérable d'atteindre et de châtier bien des actes frauduleux, où l'intention de s'approprier le bien d'autrui est clairement manifestée, et qui échappent à toute répression pénale, bien que cette impunité ne puisse se justifier à aucun égard. Néanmoins, malgré ces incon-

(1) *Rép.*, vol, sect. 1, n° 2.

vénients graves, nous pensons, avec la jurisprudence et
la généralité des auteurs, qu'un déplacement de fait est
nécessaire ; c'était l'opinion de Jousse, dans notre ancien
droit : « Il n'y a point de vol, disait-il, tant qu'il n'y a
point d'enlèvement de la chose volée, quand même on
aurait commencé à mettre la main sur cette chose, sans
la déplacer (1) ». Nous ajouterons que l'expression employée par la loi présente bien une semblable idée.

La soustraction, ainsi définie, est le signe caractéris-
tique qui distingue le vol de l'abus de confiance et de
l'escroquerie ; l'abus de confiance suppose, en effet, une
dépossession volontaire consentie par le propriétaire,
possesseur ou détenteur, la remise d'un objet, sous
condition de restitution, à un locataire, mandataire,
dépositaire, créancier gagiste ou emprunteur, qui détournent ou dissipent les objets qui leur ont été confiés.
L'escroquerie suppose la livraison d'un objet, obtenue
du propriétaire à l'aide de moyens frauduleux, spécifiés
par la loi. Dans ces deux cas, le fait de la dépossession
n'émane que du propriétaire et non de l'auteur du délit,
et c'est en cela qu'ils se distinguent nettement du vol.

La jurisprudence détermine les caractères de chacun
de ces trois actes, en disant que le vol consiste à soustraire, l'abus de confiance à détourner ou à dissiper,
l'escroquerie à se faire remettre.

Ces principes posés, nous en signalerons quelques
conséquences de fait, qui sont de nature à en faire connaître la portée ; ainsi, d'après l'interprétation que nous

(1) *Tr. de la Just. crim.*, t. IV, p. 166.

avons admise, nous dirons que des poursuites pour vol
ne pourront être intentées, ni contre celui qui refuse la
restitution d'une somme d'argent qui lui a été remise par
erreur et qu'il a reçue de mauvaise foi (1) ; ni contre
celui qui, après avoir reçu le prix de la vente, soutient
ne l'avoir point reçu et ne livre pas la chose (2) ; ni
contre le créancier qui, niant un payement qui lui a été
fait, refuse de donner quittance et exige un payement
nouveau (3).

Il est regrettable, sans doute, que des actes semblables
ne puissent tomber sous le coup d'une répression pénale,
et le système de Merlin comblerait ces lacunes, mais la
loi, strictement interprétée, repousse, d'après nous, cette
extension et s'oppose, dans ces différents cas, aux poursuites correctionnelles dirigées contre le vol.

La Cour de cassation va plus loin encore, puisqu'elle
décide que le refus frauduleux de rendre un objet qui a
été volontairement remis par le propriétaire ne saurait
être qualifié vol, alors que la remise n'a été que momentanée et faite sous la condition implicite d'une restitution
immédiate (4); elle ne distingue pas suivant que cette remise a été motivée par une erreur du propriétaire ou une
demande mensongère du voleur, et, consacrant ainsi
l'impunité de bien des actes qui échappent à la définition
de l'escroquerie, refuserait par exemple toute poursuite
criminelle contre celui qui, chez un bijoutier, se ferait li-

(1) Cass., 14 nov. 1861.
(2) Cass., 15 nov. 1850.
(3) Cass., 7 mars 1817.
(4) Cass., 7 janv. 1864.

vrer des bijoux pour les examiner et refuserait de les rendre (1).

Dans un arrêt récent (2), la Cour de cassation apporte une restriction à ces principes; elle distingue suivant que la dépossession de l'objet, émanée du propriétaire, était ou non nécessaire, et n'applique l'art. 379 que dans le premier cas, réputant vol le fait du débiteur qui, ayant reçu communication de la quittance pour en vérifier le contenu, refuse de la rendre sans effectuer le payement. Cette distinction nous paraît peu d'accord avec la jurisprudence antérieurement admise, car du moment qu'il est reconnu que la remise momentanée opère une véritable dépossession, quels qu'en soient les motifs, l'art. 379 devient inapplicable. Nous ajouterons qu'il serait le plus souvent bien difficile en pratique de déterminer les cas où la remise peut être ou non considérée comme nécessaire.

Nous croyons donc devoir admettre avec les Cours impériales, dont les arrêts ont été cassés par la Cour suprême, qu'il y a réellement soustraction frauduleuse toutes les fois que la remise d'un objet n'a pas été accompagnée de la faculté de le déplacer, car le propriétaire n'a pas consenti à s'en dessaisir, et l'objet ainsi communiqué est demeuré en sa possession et sous sa surveillance jusqu'au moment où le voleur, par son refus de le restituer, a voulu l'emporter; nous trouvons donc ici les éléments de la soustraction, un dessaisissement opéré

(1) Conf. Cass., 6 janv. 1864, 24 avr. 1866.
(2) Cass., 11 janv. 1867.

contre le gré du propriétaire. Cette opinion, conforme aux principes de la loi pénale, offre cet avantage considérable de réprimer des fraudes nombreuses, d'autant plus dangereuses pour le commerce qu'elles sont plus faciles à commettre.

La soustraction consistant dans le déplacement de l'objet volé, il s'ensuit qu'elle ne peut porter que sur des choses mobilières ou sur des immeubles par destination et qu'elle ne peut comprendre les choses incorporelles et les droits. Mais dirons-nous que des portions d'immeubles mobilisées peuvent faire l'objet d'un vol? Cette question est déjà tranchée pour des cas spéciaux en termes exprès; l'art. 388 du Code pénal prévoit et punit l'enlèvement de pierres dans les carrières; l'art. 479, n° 12, du même Code, fait rentrer dans la classe des contraventions le fait d'enlever des terres ou des pierres sur la voie publique ou dans des terrains appartenant aux communes, et l'art. 144 du Code forestier s'occupe d'actes semblables commis dans les bois.

La question se restreint donc à l'extraction de pierres ou de terres dans les champs. La Cour de cassation applique à ces actes les peines du vol simple, car ils réunissent tous les éléments du vol, sans qu'aucune disposition spéciale ne fasse en leur faveur exception aux règles ordinaires (1). Cette décision, qui est logique, est cependant d'une rigueur excessive, car les peines qu'elle inflige sont beaucoup plus sévères que celles qui sont édictées pour

(1) Cass., 14 juil. 1864, 27 avril 1866. Colmar, 24 déc. 1862.

des faits de même nature dans les dispositions spéciales qui viennent d'être citées, et elle classe parmi les délits des actes qui sont, par deux de ces dispositions, considérés comme des contraventions. Aussi certains auteurs ont voulu ne voir en pareille matière qu'un simple dommage aux champs, réparable par la voie civile (1).

Y a-t-il une véritable soustraction dans l'acte de celui qui, ayant trouvé par hasard un objet perdu, appartenant à autrui, le retient frauduleusement? Dans nos anciennes coutumes, la propriété de ces objets, du moment qu'ils n'étaient point réclamés par le propriétaire dans les quarante jours, devait appartenir aux seigneurs hauts justiciers (2). La loi du 13-20 avril 1791 porte, dans son art. 7, que le droit d'épaves n'aura plus lieu au profit de ces seigneurs, privés de tous leurs priviléges; et le Code Napoléon déclare, dans son art. 717, que des lois particulières réglementeront tout ce qui concerne les droits sur les objets perdus. Ces lois n'ont pas été faites, et toute la législation se réduit, en pareille matière, à une circulaire du ministre des finances du 5 août 1825, qui, pour encourager le dépôt et faciliter les démarches du propriétaire, autorise l'administration à remettre, après un certain délai, les objets volés ou leur valeur à l'inventeur, que le Ministre considérait, par une fausse interprétation de l'art. 2279 du Code Napoléon, comme devenant propriétaire.

D'ailleurs, aucune loi spéciale n'impose à l'inventeur

(1) Bourges, 16 avr. 1863.
(2) Pothier, *de la Propriété*, n° 75.

le devoir, comme le faisaient nos anciennes ordonnances et nos anciennes coutumes (1), de remettre l'objet entre les mains du propriétaire, s'il le connaissait, ou, dans le cas contraire, de le déposer dans un lieu public, pour faciliter les recherches de celui à qui il appartenait. A Paris, une ordonnance du préfet de police, du 19 fructidor an XIII, porte que, « si le propriétaire est connu, tout effet doit lui être immédiatement rendu ; que, sinon, l'effet doit être porté, dans les 24 heures, chez l'officier de police le plus voisin, etc., etc. » Cette mesure, fort sage, ne peut avoir aucun résultat juridique, car elle nous paraît dépourvue de sanction devant les tribunaux, une semblable matière ne rentrant dans aucun des objets de police placés sous la surveillance de l'autorité administrative ; elle n'aura pour résultat que de faire peser, sur celui qui ne s'y sera point conformé, le soupçon d'avoir voulu s'approprier frauduleusement l'objet trouvé. Nous devrons, au contraire, donner une sanction légale effective à toutes les ordonnances qui, s'occupant d'individus dont les professions sont placées sous la surveillance de la police, leur ordonnent de restituer les objets trouvés dans l'exercice de leurs fonctions.

Pour combler cette lacune législative, nous devons nous demander si nous pouvons appliquer ici l'art. 379 et considérer comme une soustraction le fait de ramasser et de conserver frauduleusement un objet qui a été trouvé. Écartons d'abord le cas où la chose ayant été abandonnée par son ancien maître, devient *res nullius*

(1) Orléans, art. 166.

et appartient au premier occupant par le droit d'occupation, et cette décision serait donnée, alors même que celui qui a trouvé la chose, aurait eu l'intention de se l'approprier au détriment du propriétaire.

Mais si la chose, sans être volontairement abandonnée, a été perdue ou égarée, la question devient plus délicate. Certains auteurs, et telle était la doctrine généralement admise dans notre ancien droit (1), ont soutenu d'une manière radicale et absolue, que le délit de vol ne pouvait prendre naissance, alors même que l'intention frauduleuse de s'approprier le bien d'autrui aurait concomité avec le fait matériel d'enlèvement, attendu, disaient-ils, qu'on ne trouve pas dans un semblable fait l'élément matériel du vol, la soustraction, c'est-à-dire cette dépossession subreptice du propriétaire par le voleur. Merlin, aussi absolu et aussi radical en sens contraire, assimile la rétention frauduleuse à l'enlèvement frauduleux et leur applique à tous deux les peines du vol (2).

Ces doctrines, qui nous paraissent, par leur généralité, peu conformes au texte de la loi, nous fournissent une opinion mixte qui, écartant ce qu'il y a de trop absolu dans chacune d'elles, leur emprunte les solutions exactes qu'elles présentent. Distinguant le cas où l'intention frauduleuse de s'approprier le bien d'autrui a accompagné le fait matériel de l'enlèvement, et celui où elle a pris naissance postérieurement, nous reconnaîtrons, avec

(1) *Cout. de Bretagne*, art. 629.
(2) Merlin, *Répert.*, vol, sect. 1, n° 9.

la jurisprudence, que, dans le premier cas, tous les éléments constitutifs du vol se trouvent réunis, et que l'art. 379 est applicable ; la soustraction ne consiste pas, en effet, dans la dépossession subreptice du propriétaire, mais dans tout déplacement clandestin accompli contre son gré. Cette décision, conforme aux textes de la loi pénale, est du moins sévère et peut paraître injuste ; punir de la même peine celui qui a conçu, prémédité, exécuté un vol, et celui qui, séduit par l'occasion, ramasse et s'approprie un objet perdu sur la voie publique, c'est confondre deux faits distincts, dont l'un est criminel et l'autre malhonnête, et qui ne supposent ni la même audace, ni la même perversité ; enfin, ce n'est pas faire une part légitime à ces préjugés assez généralement répandus, surtout dans les campagnes, qui légitiment l'appropriation des objets trouvés, préjugés injustes et immoraux qui ne peuvent excuser complétement un acte semblable, mais dont on doit tenir compte dans la fixation de la pénalité. Nous ajouterons, avec M. Duvergier (1), que le châtiment doit se mesurer, non-seulement au mal qu'un délit a fait à la société, mais aussi à celui qu'il aurait pu faire ; or, le vol proprement dit peut entraîner des actes de violence, qui ne sont point à craindre de ceux qui ramassent et conservent un objet trouvé. Enfin, nous ne nous trouvons pas ici en présence d'une atteinte au droit de propriété, qui présente les mêmes dangers que dans les cas précédents, car elle n'a eu lieu que par la négligence et l'incurie du propriétaire,

(1) *Notes sur Legraverend*, t. II, p. 129.

et mérite, par conséquent, de la loi pénale, une répression moins sévère.

Les différents motifs d'atténuation que nous venons d'exposer ne doivent pas prévaloir contre le texte formel de la loi, et ne peuvent qu'inspirer le magistrat qui devra montrer dans ces cas toute l'indulgence que la loi autorise.

Le seconde hypothèse que nous avons supposée plus haut, est celle où l'objet, ramassé dans le but de le remettre au propriétaire, est ultérieurement conservé par l'inventeur qui manifeste l'intention de se l'approprier, en opposant, par exemple, aux réclamations du propriétaire le refus de restituer. Dans ce cas, nous ne trouvons pas tous les éléments constitutifs du vol, ou du moins ne se présentent-ils pas tous réunis au même instant ; alors que la chose est recueillie, l'intention frauduleuse fait défaut, et lorsque l'intention de s'approprier le bien d'autrui se manifeste, la soustraction n'est plus possible ; car « l'acte par lequel la possession avait commencé, disent MM. Faustin Hélie et Chauveau, étant consommé, il ne peut recevoir un caractère nouveau d'un fait postérieur à sa perpétration. » L'art. 379 est donc inapplicable ici, et bien que la culpabilité soit à peu de chose près identique dans les deux hypothèses que nous avons distinguées, nous ne pouvons cependant infliger à la seconde la pénalité que nous infligeons à la première. Il est sans doute regrettable que ce fait de rétention frauduleuse ne soit prévu par aucun texte législatif, et ne puisse être puni d'une peine quelconque.

La matière qui vient de nous occuper mérite donc

d'attirer l'attention du législateur et réclame des dispositions spéciales, car nous avons vu que l'application des
principes généraux entraînait une rigueur excessive dans
un cas, et l'impunité dans l'autre.

La distinction que nous avons admise avec la jurisprudence actuelle presque unanime sur ce point (1), et avec
la généralité des auteurs, pourra présenter en pratique
de sérieuses difficultés, sur le point de savoir si l'intention
frauduleuse a acompagné ou suivi l'enlèvement. Cette
question ne peut être tranchée par une règle fixe et invariable, mais d'après les circonstances de fait qui se sont
produites ; ainsi l'absence de démarches, pour découvrir
le propriétaire, suivie de la vente des objets trouvés, ou
le refus de convenir que les objets revendiqués ont été
trouvés, peuvent suffire pour établir la présomption d'intention frauduleuse au moment de l'enlèvement (2).

2° *Intention frauduleuse.*

Le deuxième élément constitutif du vol est l'intention
coupable, l'*affectus furandi,* mais ici devrons-nous, comme
en droit romain, exiger non-seulement l'intention frauduleuse de dépouiller le propriétaire, mais aussi l'intention de
s'enrichir à ses dépens ? Notre Code ne reproduit pas cette
disposition restrictive, il punit la fraude qui tend à priver le
propriétaire de son droit, sans s'attacher aux motifs qui
l'ont déterminée, que ce soit la jalousie, la vengeance, le
désir de nuire. Il est indispensable que la soustraction ait eu

(1) Orléans, 12 déc. 1859. Cass., 2 sept. 1830 et 30 janv. 1862.
(2) Cass., 24 juin 1836. Paris, 9 nov. 1855.

le but que nous venons d'indiquer, et il ne suffirait pas que
le vol eût été commis pour porter préjudice au propriétaire, en le privant temporairement de la possession de
l'objet qui lui appartient.

Peut-être cette différence entre les deux législations
pourrait-elle s'expliquer par le caractère spécial de chacune d'elles et les principes divers qui les ont inspirées. La
législation romaine punissait le vol, non pas seulement en
ce qu'il portait une atteinte grave à la propriété, mais en
ce qu'il tendait à enrichir aux dépens d'autrui ; parce que,
infligeant une peine pécuniaire au vol, proportionnée à
la valeur de l'objet volé, elle avait voulu établir une cor-
rélation entre la nature de la répression et le mobile qui
avait déterminé le coupable, et appauvrir le patrimoine
de celui qui avait cherché à s'enrichir injustement, appliquant, en quelque sorte, avec aggravation, la peine du
talion. Mais si la dépossession avait eu lieu dans le seul
intérêt de porter préjudice au propriétaire, les motifs que
nous venons d'indiquer ne pouvaient plus être invoqués.
La législation française, au contraire, envisageant les
intérêts généraux de la société, et voulant protéger la
propriété, devait punir de la même peine tous les actes,
quoique inspirés par un mobile différent, qui y portent une
égale atteinte.

Nous appliquerons ici les principes romains, d'après
lesquels il ne peut y avoir fraude de la part de celui
qui commet une soustraction, soit en se croyant propriétaire, soit en pensant agir du consentement du véritable propriétaire ; mais dirons-nous que le créancier qui
enlève des marchandises à son débiteur peut être consi-

déré comme ayant frauduleusement agi? La solution de
cette question ne peut être soumise à un principe absolu
et général, et doit dépendre des circonstances qui accompagnent le fait, dont la libre appréciation est abandonnée
aux tribunaux.

Nous avons vu qu'en droit romain le vol ne pouvait
prendre naissance, lorsque le propriétaire donnait son consentement même à l'insu du voleur; ce principe, qui était
admis par nos anciens jurisconsultes, est contesté sous
notre législation actuelle par quelques auteurs qui se fondant sur l'opinion personnelle de Pomponius comme étant
généralement admise par les jurisconsultes romains, con-
sidèrent qu'il y a vol dans ce cas; car, disent-ils, chez
l'auteur du délit tous les caractères de la criminalité se
trouvent manifestés par l'acte coupable qu'il a accompli.

Cette doctrine qui, soutenue par Pomponius seul, n'a-
vait point prévalu en droit romain et est rejetée par les
Institutes (1), ne nous paraît pas exacte, car la loi ne punit
pas seulement la soustraction frauduleuse, mais la soustraction frauduleuse d'une chose appartenant à autrui. Or,
ici le propriétaire ayant volontairement abandonné cette
chose, soit par humanité, soit pour tout autre motif, il
n'est pas possible de dire que la soustraction s'exerce sur
la chose d'autrui. Nous verrons dans un cas analogue
que celui-là ne peut être poursuivi, qui soustrait un objet
qu'il croit appartenir à autrui et qui n'appartenait à personne.

1. Loi 43, § 3, de *Furtis*, D., XLVII. 2. *Institutes*, § 8, de *Obligat.
quæ ex delict.*, IV, 1.

Nous devons faire remarquer qu'un semblable résultat ne peut se produire que si le consentement a été donné par le propriétaire au moment même de l'enlèvement, car s'il avait été obtenu ultérieurement, il entraînerait sans doute renonciation à l'action civile, mais il ne pourrait effacer le délit ni écarter l'action pénale. En droit romain, une semblable distinction ne pouvait exister, puisque les personnes lésées par le vol agissant en leur nom personnel pouvaient renoncer à l'action et arrêter toute poursuite.

Nos anciens auteurs se demandaient si l'extrême indigence suffisait pour exclure l'intention frauduleuse et faire disparaître toute trace de délit ? Le droit canonique, s'inspirant d'un passage de l'Évangile (1), où saint Luc s'exprime ainsi : « *Discipulos, cum per segetes transeundo vellerent spicas et ederent, ipsius Christi vox innocentes vocat, quia exacti fame, hoc fecerunt,* » soutenait que l'extrême nécessité enlevait au vol tout caractère criminel, *quod enim non est licitum, necessitas facit licitum.* Quelques-uns de nos anciens jurisconsultes, Muyard de Vouglans et Farinacius, entre autres, avaient admis une doctrine semblable, et disaient qu'en cette circonstance tout devenait commun, et que l'accusé n'avait fait que prendre ce qui lui appartenait. D'autres auteurs, Voët, Matthæus, condamnaient ce fait et ne voyaient en lui qu'un motif d'atténuation.

En présence du silence que le Code pénal a gardé et devait garder sur ce point, nous devons repousser l'application des principes du droit canonique qui, d'ailleurs,

(1) St Luc, ch. VI.

n'envisageant ici que les devoirs imposés par la charité chrétienne, dit au riche de soulager la misère du pauvre et de consentir à être dépouillé dans ce but, mais qui, en mainte autre circonstance, proclame ce principe absolu : Tu ne déroberas pas. Nous ajouterons qu'une semblable doctrine ne peut être admise dans une loi positive à cause des dangers qu'elle présente, faisant en effet disparaître la protection qui est due au droit de propriété, et devant aller jusqu'à permettre à l'indigent d'employer la violence pour obtenir ce qui lui est nécessaire. Nous trouvons donc ici tous les éléments constitutifs du vol, et l'intention frauduleuse, quelque minime qu'elle puisse paraître, n'en existe pas moins, car la nécessité n'a pas pu faire croire à l'auteur du fait qu'il était dans son droit en s'appropriant une chose qui ne lui appartenait point, et n'a pu lui laisser ignorer qu'il portait atteinte à la propriété d'autrui.

Ce fait tombe donc sous l'application de l'art. 379; mais il faut reconnaître pour la peine la nécessité d'une atténuation en présence d'une culpabilité modifiée et réduite par les circonstances qui ont poussé l'auteur à commettre le délit. Nous laisserons d'ailleurs aux tribunaux toute latitude pour appliquer l'art. 64 du Code pénal, et pour reconnaître que les circonstances ont été d'une telle nature qu'elles ont fait disparaître tout sens moral chez l'accusé, ou qu'au moins celui-ci a été contraint par une force à laquelle il lui a été impossible de résister.

Une condition essentielle que nous avons déjà indiquée en parlant de la soustraction des objets perdus consiste à exiger que la fraude coïncide avec le fait matériel d'enlèvement, car la loi exige une soustraction frauduleuse.

8

Le vol une fois commis, le repentir du voleur et la restitution qu'il ferait de son propre mouvement ne suffiraient
point pour le mettre à l'abri des peines infligées par la loi,
mais ne pourraient qu'en atténuer la rigueur.

3° *Objet du vol.*

La troisième condition nécessaire à l'existence du vol
est que la chose volée appartienne à autrui. Celui qui
soustrait sa propre chose ne peut donc commettre un vol,
alors même qu'il aurait ignoré son droit de propriété et
qu'il aurait eu l'intention de dépouiller autrui. Ce principe
était admis à Rome, mais avec une restriction importante
en ce qui concerne le vol d'usage ou de possession, que le
propriétaire lui-même pouvait commettre sur sa propre
chose.

Dans notre droit français, de semblables vols ne sont
point reconnus par l'art. 379, qui ne parle que de la soustraction de la chose d'autrui. Aussi la jurisprudence avait-
elle reconnu que le détournement commis par le saisi ou
le débiteur sur des objets à eux appartenant, saisis judi-
ciairement ou donnés en gage, ne pouvait être réputé
vol. Pour remédier aux inconvénients résultant de l'impunité d'actes semblables, la réforme du Code pénal de
1832 appliqua, d'une part, les peines du vol à celui qui
dérobait les objets saisis sur lui et dont la garde était
confiée à des tiers, et, d'autre part, les peines de l'abus
de confiance, à celui qui détournait un objet qui lui
appartenait, mais qui avait été frappé de saisie et laissé
entre ses mains (art. 400, Code pénal). La loi du

13 mai 1863 vint compléter la loi de 1832, en soumettant à la pénalité de l'art. 401 le débiteur qui détournait des objets par lui donnés en gage (art. 400, Code pénal).

En droit romain, celui qui employait la violence pour se faire restituer ce qui lui appartenait, devait perdre la propriété de ce qu'il s'était fait ainsi restituer (1). Notre ancien droit n'appliquait déjà plus cette pénalité, et le Code pénal ne l'a sanctionnée par aucune disposition ; en pareil cas, les actes de violence pourront seuls être poursuivis. Comme conséquence de ce principe, nous dirons qu'il n'y a pas vol de la part d'un acheteur qui vient enlever furtivement un objet à lui vendu, alors que la vente a été pure et simple.

Puisqu'on ne peut voler qu'un objet appartenant à autrui, nous devons en conclure qu'une chose sans maître ne peut faire l'objet d'un vol, quand même elle aurait été soustraite dans la pensée d'en dépouiller autrui : ces objets deviennent par droit d'occupation la propriété du premier qui s'en empare, ainsi l'appropriation d'un animal sauvage vivant en liberté peut constituer un délit de chasse, mais non le délit de vol, à moins toutefois que ces animaux ne soient renfermés dans un parc ou enclos d'où ils ne peuvent sortir ; car étant dans une certaine mesure à la disposition du propriétaire du fonds, ils peuvent faire l'objet d'un droit de propriété ; et il en serait ainsi des poissons vivant dans un étang.

Le trésor n'est point assimilé aux objets perdus et sans maître, en ce sens que trouvé dans le fonds d'autrui, il

(1) § 1, *Institutes*, IV, 2.

appartient pour moitié au propriétaire de ce fonds ; et comme cette répartition produit un effet immédiat en transférant au propriétaire, même à son insu, un droit de propriété sur le trésor, si celui qui l'a découvert, le dissimule et le garde en entier, il pourra être passible des peines du vol.

La solution que nous venons de donner n'est que l'application d'un principe général, d'après lequel le droit partiel de propriété sur un objet ne peut excuser le vol de la totalité. Ce principe a été pourtant contesté, quand le coupable se trouve être le copropriétaire de la chose qu'il a soustraite, à titre d'héritier ou d'associé. En droit romain, le cohéritier détournant des objets de la succession n'était point soumis à l'action *expilatæ hereditatis* (1). Notre ancien droit avait reproduit les idées romaines et n'infligeait que la pénalité civile édictée chez nous par les art. 792 et 801. Sous la période intermédiaire, un décret du 3 messidor an II maintint ces principes. S'appuyant sur cette jurisprudence constante, M. Bourguignon en a soutenu l'application dans notre législation actuelle ; il la trouve conforme aux termes de l'art. 379 qui exige que la chose appartienne à autrui, or ici elle appartient par indivis à l'auteur de la soustraction, et peut même par la fiction de l'art. 883 être censée lui avoir toujours appartenu. Il ajoute que les motifs de convenance qui légitiment et justifient l'art. 380 se présentent ici, et que la pénalité civile des art. 792 et 801 doit écarter toute autre pénalité. Nous ne croyons pas que ces

(1) Loi 3, *Familiæ erciscundæ*, Code, III, 36.

raisons, quelque spécieuses qu'elles soient, doivent prévaloir, et nous dirons qu'il y a dans le cas qui nous occupe vol d'un objet qui appartient à autrui si ce n'est pour la totalité, du moins pour une partie.

Tout autre copropriétaire ou associé doit, à bien plus forte raison, être soumis aux peines du vol, car il ne peut invoquer comme l'héritier, les dispositions favorables du droit romain (1), et de notre ancienne législation (2), et il n'encoure aucune des pénalités civiles indiquées au Code Napoléon.

S'il est constant que la chose appartenait à autrui, il ne sera point nécessaire que le propriétaire ait été désigné, connu, ou qu'il ait réclamé (3) ; il se peut, en effet, qu'il soit prouvé que l'objet trouvé en la possession d'un individu n'a pu provenir que d'un détournement.

Enfin, nous dirons qu'il peut y avoir vol, bien que l'objet volé ne soit atteint que d'un droit de propriété vague et indéterminé, au cas par exemple de détournement d'objets renfermés dans un tombeau (4); on ne peut contester que l'art. 379 ne s'applique à cette hypothèse, car il se sert de ces expressions: « Quiconque a soustrait frauduleusement une chose *qui ne lui appartient point.* »

(1) Lois 45 et 51, *pro Socio*, D., XVII, 2.
(2) Jousse, *Justice crim.*, t. IV, p. 195.
(3) Cass., 4 avr. 1845.
(4) Cass., 17 mai 1822.

CHAPITRE II

DE CERTAINS CAS OU L'ACTION DE VOL NE DONNE PAS LIEU
A L'ACTION CRIMINELLE.

Nous nous occuperons dans ce chapitre de plusieurs
cas de détournement qui, quoique réunissant tous les
éléments constitutifs du vol, ne sont cependant pas soumis à l'action publique, mais ne donnent lieu qu'à une
simple action privée, tendant à une réparation civile et à
des dommages et intérêts.

Admise dans les lois romaines, reproduite dans notre
ancien droit, et malgré le silence des lois criminelles de
la révolution conservée par la jurisprudence de l'époque,
cette exception aux principes qui régissent le vol est
énoncée dans l'art. 380 du Code pénal actuel ; elle comprend « les soustractions commises par des maris au
préjudice de leurs femmes, par des femmes au préjudice
de leurs maris, par un veuf ou une veuve, quant aux
choses qui avaient appartenu à l'époux décédé, par des
enfants ou autres descendants au préjudice de leurs pères
ou mères, ou autres ascendants, par des pères ou mères,
ou autres ascendants, au préjudice de leurs enfants ou
autres descendants, ou par des alliés aux mêmes degrés. »

La véritable raison de cette disposition nous paraît avoir été très-nettement exprimée par M. Faure dans son exposé de motifs, lorsqu'il disait : « Les rapports entre ces personnes sont trop intimes pour qu'il ne soit extrêmement dangereux qu'une accusation puisse être poursuivie dans les affaires où la ligne qui sépare le manque de délicatesse du véritable délit est souvent très-difficile à saisir. » On ne peut, en effet, être certain de trouver dans ces soustractions tous les caractères d'un véritable délit : l'intimité, les rapports continuels qui existent entre les personnes prévues par l'art. 380, font naître une sorte de communauté entre elles, et leur font croire peu à peu qu'elles ont un quasi-droit de propriété, si vague et si indécis qu'il puisse être, sur tous ces objets dont la jouissance leur est à peu près commune.

La faveur de la loi en cette matière nous paraît donc motivée sur l'impossibilité de bien apprécier la culpabilité de l'accusé ; cette raison nous paraît seule décisive et nous ne donnerons qu'une très-faible importance à cette autre que M. Louvet développait dans son rapport au Corps législatif, lorsqu'il invoquait l'intérêt de la morale froissée par de semblables poursuites, et l'intérêt de la famille déshonorée par la divulgation de ces scandales domestiques, et au sein de laquelle ces accusations feraient naître une source perpétuelle de divisions et de haines.

Nous étendrons ces dispositions à l'abus de confiance et à l'escroquerie, bien que l'art. 380 ne s'occupe que des soustractions, mais nous trouvons dans ces deux cas, et même à un plus haut degré, la raison qui justifie l'in-

dulgence du législateur. Nous ajouterons que les termes
employés dans les travaux préparatoires sont plus larges
que ceux de la loi et s'étendent « à toute espèce de fraudes »
« et aux atteintes à la propriété. »

Mais, d'autre part, nous devons restreindre l'application de l'art. 380 aux faits punissables en tant qu'atteintes à la propriété d'autrui et soumettre aux principes
du droit commun tous ceux qui sont condamnés par la loi
pénale, indépendamment de toute idée de soustraction,
lors même qu'ils n'auraient été accomplis que dans le but
de faciliter un détournement.

L'art. 380 n'atteint donc pas tous les actes de violence,
bris de clôtures, etc., destinés à se procurer un objet qui
appartient aux diverses personnes qu'il énumère. De
même il ne peut excuser le crime de faux, car ce crime
existe indépendamment de l'objet que son auteur a eu
principalement en vue, et, placé dans la section *des crimes et délits contre la paix publique*, il n'est point seulement puni comme une atteinte à la propriété, mais comme
un fait en lui-même criminel et dangereux pour la société.
Enfin, l'intimité des rapports de famille, si elle excuse une
soustraction furtive, ne peut diminuer la culpabilité du
crime de faux (1). Et nous ferons remarquer, en passant,
que ces différents actes devraient rester impunis, si, pour
expliquer l'art. 380, on ne s'en rapportait qu'aux motifs
d'honnêteté publique et d'intérêt domestique qui pourraient être invoqués dans ces différents cas ; mais nous
ne retrouvons pas ici le motif principal sur lequel nous

(1) Cass., 3 déc. 1857. Douai, 19 déc. 1859.

avons insisté et qui se fonde sur l'impossibilité d'apprécier la criminalité de l'acte.

L'application de l'art. 380 doit être restreinte aux personnes qui s'y trouvent désignées ; ainsi un frère qui commettrait un détournement au préjudice de son frère serait passible des peines du vol, alors même que le détournement porterait sur les biens de la succession de leur père.

Néanmoins il faut assimiler aux enfants légitimes les enfants adoptifs ou naturels, comme le font le Code civil et le Code pénal lui-même dans l'art. 299, et appliquer l'art. 380 aux soustractions qu'ils commettent ou qui sont commises à leur égard. Mais l'art. 380 ne peut comprendre les ascendants des pères et mères naturels ou adoptifs, puisqu'ils ne sont unis par aucun lien de droit aux enfants naturels ou adoptifs de leurs propres enfants.

Les dispositions de l'art. 380 s'appliquent aux soustractions commises entre alliés au même degré, et nous admettons, avec la jurisprudence, que le lien d'affinité établi par le mariage entre l'un des époux et les enfants du premier lit de l'autre époux doit survivre au décès de ce dernier, et ne permettre, en cas de détournement, qu'une action en réparation civile (1).

Puisque la loi reconnaît, comme nous l'avons déjà indiqué, que les soustractions prévues par l'art. 380 ne présentent point tous les éléments du délit de vol, nous devons en conclure qu'elles ne peuvent devenir circons-

---

(1) Orléans, 10 janv. 1859.

tances aggravantes d'un autre crime et revêtir un tout
autre caractère par suite des moyens employés pour les
commettre, ou parce qu'elles ont été l'occasion d'actes
de violence. Cette décision offre un grand intérêt, car un
meurtre entraîne la peine capitale, alors qu'il a eu pour
objet de faciliter ou d'exécuter un délit (1). La Cour de
cassation a décidé que le vol qui suit un meurtre commis
par un gendre sur la personne de son beau-père était
une circonstance aggravante du meurtre et nécessitait
l'application de l'art. 304 (2). La Cour soutient son opinion en disant « que les exceptions de l'art. 380 ne peuvent s'appliquer qu'au cas où le vol forme l'objet principal de la prévention, et non à celui où il n'en est que l'accessoire, comme dans le cas prévu dans l'art. 304. » On
peut ajouter en faveur de cette doctrine des considéra-
tions morales et dire que le meurtre commis par un parent
sur son parent n'en est que plus odieux, lorsqu'il a eu
pour mobile un intérêt pécuniaire, et que ce lien de pa-
renté ne peut rendre sa position plus favorable. Mais
nous répondrons que l'art. 304 exige un délit pour circonstance aggravante, et que tous les faits prévus par
l'art. 380 ne sont pas qualifiés délits par la loi, parce
qu'ils n'en présentent pas tous les caractères. Nous ajouterons que la Cour de cassation paraît en contradiction
avec elle-même, lorsqu'elle décide que si la soustraction
est commise à l'aide de violence, coups, blessures, escalade, on ne devra tenir aucun compte, dans la condamnation, du vol qui a été commis mais uniquement des faits

(1) Art. 304, C. P.
(2) Cass., 21 déc. 1837.

accessoires. Or, pourquoi donner à une soustraction un caractère délictueux dans le cas seulement où elle est accompagnée de meurtre, et non pas quand elle est accompagnée de violence et de blessures ?

Du moment que l'art. 380 reconnaît que les soustractions entre parents à certains degrés ne présentent pas tous les éléments d'un délit, nous devons en conclure que les personnes étrangères qui en ont été les complices ne sont passibles d'aucune peine pour le fait de leur complicité. C'est ce qui nous paraît consacré par l'art. 380 lui-même qui s'exprime ainsi dans son dernier alinéa : « A l'égard de tous autres individus qui auraient recélé ou appliqué à leur profit tout ou partie des objets volés, ils seront punis comme coupables de vols. »

Cette interprétation, après quelques hésitations, finit par prévaloir dans la jurisprudence qui distingue actuellement avec raison, selon nous, le complice et le coauteur, étendant au premier, pourvu toutefois qu'il ne se soit point rendu coupable de recel et qu'il n'ait point profité de l'objet volé, l'immunité de l'art. 380 accordée à l'auteur principal, et infligeant au second les peines du vol, alors qu'il n'aurait ni recélé, ni profité (1). Un grand nombre d'auteurs refusent d'admettre une semblable distinction, et s'appuyant sur les termes généraux du second alinéa de l'art. 380, y comprennent les coauteurs aussi bien que les complices, ils font valoir en outre les principes de notre ancienne jurisprudence (2) et les motifs de l'art. 380 qui doivent être invoqués en faveur de ceux

(1) Cass., 6 oct. 1853.
(2) Cass., 1er oct. 1840, 18 avr. 1844, et Ch. réun., 23 mars 1845.

qui agissent au profit des parents, aussi bien qu'en faveur des parents eux-mêmes (1). Nous ne croyons pas devoir admettre une semblable opinion, car nous trouvons dans le fait du coauteur tous les éléments d'un délit distinct.

La Cour de cassation autorise les poursuites contre tous les complices, alors qu'ils ont agi pour des parents en même temps que pour des étrangers (2). Ce principe ne nous paraît pas devoir être posé d'une manière absolue, il serait, en effet, trop sévère et même injuste lorsque le complice croyait n'agir que dans l'intérêt exclusif du parent ; mais s'il a su que des étrangers étaient intéressés dans le vol qui se commettait, nous appliquerons, contrairement à l'opinion de quelques auteurs, la doctrine de la Cour de cassation, car du moment qu'un délit existe, le complice de mauvaise foi doit être puni comme l'auteur principal.

Tirant encore une conséquence de ce principe que les soustractions prévues par l'art. 380 ne présentent pas tous les éléments d'un délit, nous dirons qu'elles ne peuvent avoir de complices proprement dits, et que tous ceux qui sont poursuivis pour avoir recélé les objets volés ou en avoir profité, ne peuvent être condamnés en qualité de complices d'un délit inexistant, mais comme auteurs principaux d'un délit qui leur est propre. La question de savoir à quel titre auront lieu ces poursuites n'est pas une simple question de mots, et peut offrir un très-grand intérêt ; en effet, si nous décidons que ces individus seront poursuivis à titre de complices, ils

(1) Cons. Faustin Hélie, *Rev. de législation*, an 1845, t. II, p. 90.
(2) Cass., 23 mars 1845.

répondront de tous les actes commis par l'auteur principal, subissant l'aggravation de peine que celui-ci aurait
dû encourir ; si nous décidons, au contraire, qu'ils doivent être poursuivis en qualité d'auteurs principaux, ils
ne seront responsables que de leurs propres actes, et des
circonstances aggravantes auxquelles ils ont pris part.
La jurisprudence les considère comme des complices et
leur inflige la pénalité qu'aurait encourue le parent auteur
principal, s'il n'avait été protégé par l'art. 380 (1). Cette
doctrine ne nous paraît pas exacte, car il y a ici deux
faits bien distincts que la jurisprudence confond, celui
qui a été accompli par l'auteur principal et qui n'est
point un délit, et celui accompli par le recéleur qui est le
seul qualifié délit, et qui seul doit être envisagé dans la
condamnation.

Deux lois postérieures, la loi du 28 avril 1832, et la
loi du 13 mai 1863, ont restreint dans des cas spéciaux
le privilége accordé par l'art. 380. La loi de 1832, dans
l'art 400 6° du Code pénal, inflige aux conjoints ascendants ou descendants du saisi, qui l'auront aidé dans la
destruction ou le détournement des objets frappés de
saisie, une peine égale à celle que celui-ci aura encourue.
L'art. 594 du Code de commerce complète cette disposition pour le cas de faillite en décidant que le détournement commis par le conjoint, ascendant ou descendant du
failli, sans qu'ils aient agi de complicité avec celui-ci
entraînera la peine du vol. Si un fait semblable se présentait en cas de saisie ordinaire, nous appliquerions

(1) Cass., 24 mars 1838. Paris, 24 mai 1839.

tantôt les peines de l'abus de confiance, tantôt les peines du vol, suivant que les objets auraient été ou non placés sous la garde du parent qui s'est rendu coupable de détournement (1).

Il peut arriver que la saisie ait été pratiquée par un époux sur son époux, devrons-nous appliquer l'art. 380 si le saisi se rend coupable d'un détournement? En principe, comme l'époux saisissant n'agit pas seulement en son nom, mais aussi au nom de tous les créanciers qui peuvent se présenter, le saisi ne pourrait pas invoquer l'art. 380. On peut encore faire valoir en faveur de cette opinion, que le détournement porte atteinte au respect dû aux actes de l'autorité publique, et peut engager la responsabilité du gardien (2).

La loi de 1863, dans l'art. 400 6° du Code pénal, a étendu ces principes et infligé les peines du vol au cas où le conjoint, l'ascendant ou le descendant d'un débiteur, emprunteur ou tiers donneur de gage, auraient aidé ceux-ci à détourner ou à tenter de détourner les objets remis en gage. Nous ajouterons, bien que la loi ne l'ait pas dit, que ces parents seraient passibles des peines du vol alors qu'ils auraient agi sans la participation de celui qui a donné le gage.

Dans ces différents cas, le détournement est puni non pas parce qu'il viole le droit de propriété du parent, mais parce qu'il porte atteinte à un droit important dont des étrangers se trouvent en possession.

---

(1) Bourges, 7 nov. 1854.
(2) Cass., 7 janv. 1842. 18 avril 1856.

CHAPITRE III

DES VOLS QUI CONSTITUENT DE SIMPLES DÉLITS

Nous nous occuperons dans ce chapitre des différentes espèces de vols qui ne sont soumis qu'à des peines correctionnelles, du vol simple proprement dit, du vol dans les champs, du délit de chantage, du détournement commis par le saisi ou le donneur à gage, et de l'altération de liquides ou autres marchandises par le voiturier ou batelier auxquels ils avaient été confiés.

1° *Du vol simple.*

Le vol simple est celui qui, n'étant accompagné d'aucune des circonstances que la loi considère comme aggravantes, ou du moins ne présentant pas la réunion de circonstances que peut exiger la loi, remplit la triple condition de l'art. 379. C'est le vol réduit au fait seul de soustraction, et les différents cas dans lesquels il se présente ressortiront aisément de l'énumération et de l'étude des vols qualifiés. Si l'art. 401 parle de *vols, larcins* et *filouteries*, il ne faudrait pas en conclure que la loi distingue plusieurs délits, n'appliquant la définition de l'art. 379 qu'au vol. Les larcins et les filouteries sont de véritables vols qui ne diffèrent que par le mode employé dans leur exécution, et leur dénomination est plus usuelle et traditionnelle que légale. Ces distinctions offraient de l'intérêt dans notre ancien droit où le vol différait du larcin « en ce que le larcin, nous dit Jousse (1), se fait par surprise ou industrie, ou en cachette, au lieu que le vol se fait par force ou violence. »

Les pénalités infligées au vol simple par l'art. 401 sont au nombre de quatre, dont une seule est obligatoire pour le juge, et dont les trois autres sont facultatives, mais peuvent être prononcées même cumulativement. La peine obligatoire est l'emprisonnement, dont la durée est d'un an au moins et de cinq ans au plus; mais l'art. 463 permet en pareil cas de réduire par les circonstances atténuantes cette peine jusqu'à 6 jours de prison et une amende inférieure à 16 fr. Les autres peines sont l'amende pouvant varier de 16 fr. à 500 fr., l'interdiction pendant 5 ans au moins et 10 ans au plus des droits civiques, civils et de famille énumérés dans l'art. 42, enfin la surveillance de la haute police pendant le même nombre d'années.

2° *Vol commis dans les champs.*

Depuis le châtiment infligé par les Romains au crime d'abigéat, depuis l'ordonnance de Henri III, de 1586, qui portait : « Quiconque dérobera aucun bestial sera pendu et étranglé, » et la peine plus douce des galères à temps qui y fut substituée par la jurisprudence, jusqu'aux dernières

(1) T. IV, p. 100 *oper. cit.*

réformes de la loi de 1832 et la législation actuelle, la pénalité infligée au vol commis dans les champs a subi des variations nombreuses et est peut-être appelée à en subir de nouvelles. Punis de quatre années de détention par le Code de 1791, et d'une simple peine correctionnelle par la loi du 25 frimaire an VIII, ces vols furent divisés en deux catégories par le Code de 1810, et soumis à la peine de la réclusion, lorsque l'objet volé, ne pouvant être surveillé par le propriétaire, avait été nécessairement exposé à la foi publique, et à des peines correctionnelles dans le cas contraire. La pénalité sévère infligée dans le premier cas avait été introduite sur la plainte des tribunaux, qui trouvaient la législation de l'an VIII insuffisante et inefficace; mais elle produisit des effets contraires à ceux qu'on voulait atteindre, car le jury, effrayé de son excessive rigueur et qui ne pouvait encore accorder des circonstances atténuantes, se déterminait à acquitter plutôt que de condamner à la réclusion. Aussi la loi du 25 juin 1824 dut-elle revenir aux dispositions de la loi de l'an VIII et soumettre ces vols aux peines édictées par l'art. 401.

Enfin la loi de 1832, distinguant en cette matière plusieurs espèces de vol, ne leur appliqua que des peines correctionnelles, parfois même inférieures à celles du vol simple. La législation actuelle reconnaît plusieurs catégories distinctes de vol dans les champs. Nous les examinerons successivement.

L'art. 388 suppose en premier lieu le vol de chevaux ou bêtes de charge, de voiture ou de monture, gros et menus bestiaux, ou des instruments d'agriculture, commis dans les champs, et lui inflige les peines du vol simple

9

indiquées par l'art. 401, avec cette différence qu'il rend ici la peine de l'amende obligatoire. Nous ferons remarquer que, si le législateur a employé les mots « bêtes de charge ou chevaux » au pluriel, il n'a point voulu exiger que le vol comprît plusieurs chevaux ou plusieurs bêtes de charge; mais, en s'exprimant ainsi, il n'a voulu désigner que les espèces.

Ces dispositions s'appliquent au vol de bois dans les ventes, au vol de pierres dans les carrières et de poissons dans les étangs (art. 388). Mais en ce qui concerne le vol de bois, s'il a lieu alors que la coupe est terminée, nous dirons que l'art. 388 devient inapplicable, car, comme le font remarquer MM. Faustin Hélie et Chauveau, « si, pendant la durée de la coupe, le propriétaire est obligé d'abandonner son bois à la confiance publique, la coupe terminée, cet abandon devient volontaire, et les motifs de la loi ne se rencontrent plus ici. »

L'art. 388 prévoit en second lieu le vol de récoltes ou autres productions utiles de la terre, déjà détachées du sol, et le vol des meules de grain faisant partie des récoltes; il y attache cette pénalité, inférieure à celle du vol simple, d'un emprisonnement de quinze jours à deux ans, et d'une amende de seize à cinq cents francs. C'est un fait singulier de voir le législateur, après avoir soumis un semblable vol, en 1810, à la peine de la réclusion, en 1824 aux peines du vol simple, ne plus lui appliquer, en 1832, qu'une peine minime; la raison en est qu'à cette époque il n'envisage plus, comme en 1810, la nécessité de mettre sous une protection spéciale de la loi les objets nécessairement confiés à la foi publique; mais, interrogeant la criminalité de l'acte qu'il veut punir, elle ne lui paraît comporter qu'une peine minime, eu égard à la modicité du prix des récoltes, et à l'entraînement auquel expose l'exécution facile de ce vol.

Le législateur n'a point compris qu'une semblable réforme rendait la loi inconséquente et faisait naître une inégalité choquante entre deux vols dont le plus dangereux était le moins sévèrement puni. En effet, la peine du vol simple n'est atténuée que pour les vols de récoltes commis au temps de la récolte, c'est-à-dire à un moment où ces objets volés avaient été nécessairement abandonnés par le propriétaire à la foi publique, et méritaient une protection efficace de la loi ; la peine de l'art. 401 subsiste donc dans toute sa rigueur pour le vol de récoltes commis à un moment où le propriétaire, étant en faute de les avoir volontairement exposées dans les champs, aurait dû être moins protégé par la loi pénale. Et ces dispositions amènent ce résultat singulier, que l'accusé qui sous la législation du Code de 1810 s'efforçait de prouver que le vol n'avait pas été commis au moment des récoltes pour échapper à la peine de la réclusion, trouve actuellement avantage à soutenir l'assertion contraire pour échapper aux peines plus sévères de l'art. 401.

Néanmoins la loi applique à ce vol de récoltes les peines du vol simple, s'il a été commis, soit la nuit, soit par plusieurs personnes, soit à l'aide de voitures ou d'animaux de charge. Cette disposition ne peut écarter dans cette hypothèse l'application des peines infligées par la loi aux vols qualifiés, et nous dirons, bien que quelques auteurs aient soutenu le contraire, que si le vol de récoltes

prévu par l'art. 388 (2e et 3e alinéa), est accompagné
des circonstances aggravantes qui, soit isolées, soit réunies, impriment à tout autre vol le caractère de crime,
nous devrons le soumettre à la pénalité que tout autre vol
aurait encourue. L'opinion qui soutient que l'art. 388
est seul applicable dans ces différents cas, nous paraît
contraire au texte de la loi qui ne peut s'appliquer qu'aux
cas exceptionnels qu'il prévoit, et contraire aux motifs
qui ont fait traiter ce vol avec une aussi grande douceur,
et qui ne peuvent être invoqués dans des cas où les circonstances qui l'ont accompagné présentent une sérieuse
gravité et révèlent chez les auteurs une perversité peu
digne d'excuse (1).

La soustraction de fruits ou récoltes, alors qu'ils n'é-
taient point encore détachés du sol, constitue une espèce
particulière de vol connue sous le nom de *maraudage*.
Punie des peines de simple police, d'une amende de six à
dix francs aux termes de l'art. 475, n° 15, du Code pénal,
cette contravention devient un délit et est soumise à un
emprisonnement de quinze jours à deux ans et à une
amende de seize à deux cents francs lorsqu'elle est commise « à l'aide de sacs, paniers ou autres objets équiva-
lents, soit la nuit, soit à l'aide de voitures ou d'animaux
de charge, soit par plusieurs personnes. »

Nous ne soumettrons le maraudage à ces différentes
pénalités, que lorsqu'il aura été commis dans les champs
ou les bois, bien que l'art. 388, n° 5, n'ait point exigé
une semblable condition, et nous appliquerons les peines

(1) Cass., 8 fév. 1834.

du vol simple lorsqu'il aura été commis dans un lieu dépendant d'une maison habitée (1). Le maraudage devra être soumis, s'il est accompagné de circonstances aggravantes, aux peines que la loi inflige à tout autre vol (2).

L'art. 389 prévoit une dernière espèce de vol commis dans les champs au moyen de l'enlèvement ou du déplacement des bornes, il s'applique au vol proprement dit de récoltes comme au maraudage. La peine de la réclusion infligée en pareil cas par le Code de 1810, fut maintenue en 1832 et ne disparut que dans la loi du 13 mai 1863 qui y substitua un emprisonnement de deux à cinq ans et une amende de seize à cinq cents francs.

Nous croyons avec la généralité des auteurs, que le mot *bornes* dans l'art. 389 doit être entendu dans un sens restrictif et ne peut s'appliquer d'une manière générale à tout ce qui peut former une séparation d'héritages, tels que des haies, fossés ou plantations d'arbres; dans ces derniers cas, en effet, nous ne retrouvons pas les motifs qui justifient cette aggravation de peine, car si l'enlèvement d'une borne proprement dite laissant peu de vestiges rend fort difficile la constatation du délit, et lui assure l'impunité, un semblable danger n'est pas à craindre de la destruction des autres limites.

Les différents délits que nous venons d'examiner, indépendamment des peines correctionnelles, peuvent entraîner, suivant l'arbitrage du juge, la privation pendant cinq ans au moins et deux ans au plus, des droits men-

---

(1) Cass., 13 juil. 1840.
(2) Cass., 21 mai 1863.

tionnés en l'art. 42, et la surveillance de la haute police
pendant le même nombre d'années.

3° Délit de chantage.

Ce délit, introduit dans l'art. 400 par la loi du
13 mai 1863, est soumis à un emprisonnement d'un an
à cinq ans et à une amende de cinquante à trois mille fr.
M. le procureur général de Cordoën justifiait ainsi cette
innovation devant le Corps législatif : « Les délits qui
ont leur source dans la violence, disait-il, diminuent avec
les progrès de la civilisation, mais par une regrettable et
triste compensation, les délits qui ont leur origine et leurs
moyens dans la fourberie et dans la ruse augmentent
avec les progrès des sociétés modernes. »

Le législateur avait déjà prévu et puni des travaux
forcés à temps l'extorsion par force, violence ou contrainte, il condamne dans cette disposition nouvelle l'extorsion accomplie par la crainte que fait naître la menace
de livrer à la publicité des faits vrais ou faux, compro-
mettant la réputation ou l'honneur de la personne qu'elle
dépouille. Nous ne devons point confondre ce délit, ni
avec l'escroquerie qui arrive à ses fins par la ruse ou des
manœuvres frauduleuses spécifiées par la loi, ni avec le
fait prévu par l'art. 305, qui suppose la menace d'un
mal physique et non celle d'un mal moral, ni avec le
crime puni par l'art. 400 (1er alinéa), qui suppose l'emploi d'une violence physique ou morale enlevant toute
liberté d'action.

Pour que le délit de chantage puisse prendre naissance,

il faut que celui qui s'est fait remettre une somme d'argent ait agi dans le but de s'enrichir injustement aux dépens d'autrui ; et si, par la menace d'une poursuite judiciaire, il n'avait reçu que le remboursement d'un préjudice qui lui avait été causé, un acte semblable ne pourrait être réputé illégitime (1). La loi punit de la même peine la tentative d'extorsion qui se produira, toutes les fois que la personne menacée ne se sera pas laissé intimider, et qu'elle aura ainsi fait échouer l'exécution de ce délit par une circonstance indépendante de la volonté de celui qui l'avait tentée. Puisque la loi ne subordonne pas la poursuite de ce délit à la plainte de la partie lésée, nous devons laisser au ministère public pleine et entière appréciation, tout en reconnaissant qu'une semblable faculté, à cause des imputations diffamatoires que ce délit peut contenir, peut paraître s'écarter de la loi de 1819 sur la diffamation.

4° *Détournement commis par le saisi ou le donneur de gage.*

La loi a cru nécessaire d'assimiler au vol, et d'en appliquer les peines au détournement commis par le saisi ou le donneur de gage sur les objets frappés de saisie ou donnés en gage, bien que l'acte qu'elle condamne ne puisse rentrer dans la définition du vol, l'élément principal de ce délit, la soustraction *de la chose d'autrui* faisant ici défaut. Ces dispositions furent introduites

(1) Cass., 24 fév. 1866.

postérieurement au Code de 1810 ; une d'elles, par la loi de 1832, qui punit, dans l'art. 400 du Code pénal, tantôt des peines de l'abus de confiance, tantôt des peines du vol, le détournement commis par le saisi, suivant que la garde des objets volés lui avait été ou non confiée ; l'autre, par la loi récente du 13 mai 1863 qui étend l'application de l'art. 401 à tout débiteur, emprunteur ou tiers donneur de gage qui aura détruit ou détourné, tenté de détruire ou de détourner les objets par lui donnés en gage.

La loi de 1863 vint aussi combler quelques lacunes de l'ancienne rédaction de l'art. 400 ; elle assimila, dans le second alinéa, la tentative de destruction au fait même de destruction, et dans le troisième, la tentative de destruction ou de détournement à la destruction ou au détournement.

Un arrêt récent a décidé que la nullité de la saisie ne devait point légitimer le détournement et faire cesser les poursuites (1).

Nous avons déjà vu que des peines semblables étaient infligées aux conjoints, ascendants ou descendants du saisi ou du donneur de gage, qui auraient coopéré au détournement ou en auraient été les auteurs principaux.

5° *Altération de liquides par les voituriers et bateliers.*

Ce délit constitue plutôt un abus de confiance qu'un vol, et nous n'en parlerons que parce qu'il est prévu

(1) Paris, 18 juil. 1862.

dans des articles qui concernent le vol. L'art. 387 prononçait la peine de la réclusion contre le batelier ou le
voiturier qui avait altéré les liquides ou marchandises, en
y mêlant quelques substances malfaisantes ; cette rigueur
était d'autant plus excessive que la même peine était
infligée par l'art. 317 du Code pénal, dans le cas où les
substances malfaisantes avaient entraîné une incapacité
de travail de plus de vingt jours. La loi de 1863 substitua à la peine de la réclusion une peine correctionnelle
de deux à cinq ans d'emprisonnement et une amende de
vingt-cinq à cinq cents francs. Dans le cas où il n'y
aurait pas eu mélange de substances malfaisantes, la
peine ne serait plus que d'un mois à un an d'emprisonnement et de seize à cent francs d'amende ; cette dernière
disposition existait dans l'ancien art. 387.

CHAPITRE IV

DES VOLS QUALIFIÉS

Les moyens employés pour commettre un vol sont multiples, et chacune des circonstances qui l'accompagnent peut faire varier sa nature et son caractère, en augmenter ou non la criminalité et donner naissance à autant de vols différents qui doivent entraîner une pénalité différente. Aussi la tâche du législateur en cette matière est-elle délicate; il lui faut passer en revue toutes les circonstances diverses qui peuvent accompagner un vol, les apprécier soit qu'elles se présentent isolées, soit qu'elles se présentent réunies, puis, les distinguant et les classant, déterminer les cas qui nécessitent une aggravation de peine, et rechercher dans quelle mesure cette répression doit être infligée.

Pour arriver à ce résultat, et répartir équitablement les sévérités de la loi, le législateur, dans notre Code, est parti de ce principe, qu'un fait doit être d'autant plus sévèrement puni, qu'il révèle chez les coupables une audace et une perversité plus grandes, qu'il peut entraîner des conséquences plus graves, qu'il est plus difficile à réprimer en même temps que plus facile à commettre, qu'il viole des relations d'une confiance nécessaire entre l'auteur et la victime. Sous notre législation, et c'est une différence profonde qui existe entre elle et la législation romaine, l'importance ou la légèreté du préjudice causé par le vol ne peut influer sur le montant de la condamnation.

Certains auteurs ont regretté que la valeur de l'objet volé ne fût pas prise en considération, et qu'une peine identique fût infligée au voleur d'une somme considérable comme au voleur d'une somme minime, soutenant qu'en raison de cette omission, le jury acquittait souvent les coupables ou accordait des circonstances atténuantes à ceux qui n'en méritaient point. Ces critiques ne nous paraissent point fondées; du moment que le Code pénal agit au nom et dans les intérêts de la société, il ne doit pas mesurer sa pénalité au tort que souffre un particulier, mais au tort causé à la société entière par la culpabilité de l'auteur et la criminalité de l'acte qu'il a accompli. D'ailleurs, si parfois la peine paraissait trop sévère en raison de l'exiguité de l'objet, les tribunaux pourront légitimement la tempérer par des circonstances atténuantes.

Les vols sont qualifiés à raison de leur auteur, du lieu où ils ont été commis, du temps pendant lequel ils l'ont été, enfin à raison des circonstances qui ont accompagné leur exécution. La loi sur le sacrilége, du 20 avril 1825, ajoutait une aggravation résultant de la nature même de la chose, puisqu'elle punissait des travaux forcés le vol de vases sacrés commis dans une Église, mais cette loi a été abrogée par une loi du 11 octobre 1830. Nous examinerons successivement dans une section différente chacune de ces catégories qui se subdivisent en espèces nombreuses.

SECTION I.

VOLS QUALIFIÉS A RAISON DE LA QUALITÉ DE L'AGENT.

Cette aggravation de peine qui frappe l'agent, eu égard à sa qualité, se fonde sur la nécessité de condamner plus sévèrement ceux qui par la nature de leurs fonctions et les relations habituelles qu'elles entraînent, sont investis d'une confiance nécessaire et échappent à la surveillance du propriétaire. Le vol commis dans ces circonstances peut ne pas révéler chez son auteur une intention plus criminelle et plus perverse, mais il doit être plus sévèrement puni, en raison du danger que font naître la facilité de l'accomplir et la difficulté de l'empêcher.

1° *Vols par domestiques ou hommes à gages.*

— Dans notre ancien droit, le vol domestique a toujours été sévèrement réprimé ; la peine de mort avait été prononcée par saint Louis et conservée dans l'ordonnance du 4 mars 1724 qui portait : « Le vol domestique sera puni de mort. » Le Code pénal de 1791 (art. 13, sect. 2, tit. II, § 2) fit disparaître cette pénalité rigoureuse, et condamna à huit années de fer le vol commis par toute personne habitante ou commensale de la maison, ou reçue habituellement même à titre d'hospitalité. Quelques-unes de ces dispositions furent modifiées par la loi du 25 frimaire de l'an VIII qui n'appliqua que des peines correctionnelles, lorsque l'auteur du vol était une personne habitante ou commensale, employée pour un service salarié ou reçue à titre d'hospitalité, mais qui conserva la peine de huit années de fer pour tout vol commis par des domestiques à gages. Une peine moins sévère encore, de six mois à deux ans d'emprisonnement, était infligée à quiconque, chargé d'un service ou d'un travail salarié, aurait volé les effets ou marchandises confiés pour ce travail ou ce service.

Le Code pénal de 1810, plus logique et plus équitable, part de cette idée que si le vol domestique doit être plus rigoureusement poursuivi, c'est a raison de la confiance nécessaire que le maître est tenu d'accorder à celui qui s'est rendu coupable de vol, et que par conséquent une aggravation de peine n'a point sa raison d'être à l'encontre de ceux à qui le propriétaire a librement accordé sa confiance ; aussi condamne-t-il à la réclusion non-seulement les domestiques à gages, mais toutes les personnes admises dans la maison pour y faire un travail salarié, et n'inflige-t-il que la peine correctionnelle du vol simple aux commensaux, locataires ou habitants admis à titre d'hospitalité.

Le vol qualifié domestique peut être commis au préjudice du maître ou au préjudice d'une personne étrangère, mais dans ces deux cas il offre un caractère différent. Si nous supposons que le vol porte sur un objet appartenant au maître, il sera qualifié vol domestique et puni comme tel, dans quelque lieu qu'il ait été commis, car cette confiance nécessaire, illimitée, qui est la cause de l'aggravation de peine, comprend tous les objets qui sont la propriété du maître et suit le domestique partout où il se trouve. Aussi dirons-nous que la peine de la réclusion doit être encourue par le domestique qui dissipe une somme d'argent qu'il a été, au dehors, toucher pour son maître (1).

Une question vivement controversée avant la loi de 1832 était celle de savoir si l'abus de confiance commis par un domestique au préjudice de son maître devait être puni des peines correctionnelles de l'abus de confiance ou des peines de la réclusion. La Cour de cassation, se fondant sur des raisons d'équité, mais violant ouvertement le texte de la loi qui ne prévoyait que le cas de soustraction frauduleuse, appliquait dans ce cas les peines du vol domestique (2). La loi de 1832 est venue trancher législativement la question, et comblant dans l'art. 408 la lacune du Code de 1810, punit de la réclusion l'abus de confiance commis par un domestique ou homme de service à gages; néanmoins elle conserve à cet acte la qualification d'abus de confiance que lui refusait la Cour de cassation.

Si nous supposons que le vol a été commis au préjudice d'une personne étrangère que le voleur ne servait pas, il n'y aura lieu à l'aggravation de peine que dans les cas où a dû exister la confiance nécessaire du tiers qui a souffert du vol, ainsi, lorsque l'objet se trouvait dans la maison du maître, ou lorsque le vol a été commis dans une maison où le domestique accompagnait son maître. Dans ces deux

(1) Cass., 16 av. 1831.
(2) Cass., 7 janv. 1830.

circonstances une responsabilité pécuniaire incombe au
maître qui est la cause involontaire du vol. Mais la loi
devant être strictement interprétée, ne pourra s'étendre au cas où le maître ayant envoyé son domestique
dans une maison étrangère, celui-ci y aura commis un
vol, ni même au cas où le domestique détourne un objet appartenant à autrui qu'il transportait sur l'ordre de
son maître (1).

Si on devait s'en tenir aux termes seuls de l'art. 386,
n° 3, il faudrait, pour que le vol d'un objet appartenant
à autrui fût vol domestique, exiger la présence du propriétaire étranger dans la maison où le vol a été commis ; mais une semblable condition ne peut être nécessaire, car cette circonstance est indifférente et ne peut
ni atténuer, ni aggraver l'action du domestique, qui ne
devient criminelle que par suite de la confiance nécessaire qui a dû lui être accordée. Pour mettre cette disposition en harmonie avec le texte de la loi qui lui paraît
contraire, MM. Faustin, Hélie et Chauveau disent « qu'il
faut distinguer dans la première partie du n° 3 de l'article 386 deux dispositions, l'une générale et absolue qui
punit sans distinction tout vol commis par un domestique ou un homme de service à gages dans la maison ;
l'autre, qui ne prévoit qu'un cas particulier, celui où le
vol est commis sur les personnes étrangères qui sont dans
cette maison, ou dans la maison où il accompagnait son
maître. Or, cette deuxième disposition, qui n'a eu d'autre
objet que d'étendre la première à une espèce spéciale,

(1) En sens contr. Cass., 9 oct. 1842.

ne peut avoir pour effet d'en restreindre la généralité (1). »

Cette explication ne nous paraît pas ressortir très-nettement des termes de la loi, qui ne contiennent pas la disposition générale que signalent MM. Faustin Hélie et Chauveau. Quant à nous, bien que cette supposition puisse paraître gratuite, et que nous ne l'ayons trouvée exposée par aucun auteur, nous croirions volontiers à un vice de rédaction échappé aux législateurs de 1810, et, au lieu de rapporter ces expressions *qui se trouvaient soit dans la maison de son maître, soit dans celle où il l'accompagnait,* aux personnes volées, comme le fait l'art. 386 dans sa rédaction présente, nous les rapporterions aux objets volés, en lisant ainsi l'art. 386, n° 3... : *même lorsqu'il aura commis le vol envers des personnes qu'il ne servait pas,* SUR DES OBJETS *qui se trouvaient soit dans la maison de son maître, soit dans celle où il l'accompagnait.*

Une semblable interprétation que nous présentons avec une certaine hésitation, parce que nous n'avons trouvé aucune preuve à l'appui dans les travaux préparatoires du Code pénal, nous conduit à dire que le vol commis par un domestique dans une maison étrangère où il aurait accompagné son maître, sera réputé vol domestique, alors même que le propriétaire de l'objet volé aurait été absent. Cette disposition ne saurait être admise dans l'interprétation fournie par la jurisprudence et MM. Faustin Hélie et Chauveau, et pourtant n'est-elle

(1) Conf. Cass., 20 août 1829.

pas équitable, n'est-elle pas d'accord avec le principe,
que ces auteurs eux-mêmes invoquent pour soutenir que
la présence du propriétaire n'est pas nécessaire dans le
cas de vol commis dans la maison du maître, et qui consiste à dire que la présence du propriétaire ne peut ni
atténuer ni aggraver l'action commise par le domestique?
En un mot, l'explication de l'art. 386, n° 3, telle qu'elle
est donnée par la jurisprudence et les auteurs, tombe
d'après nous, dans cette contradiction, d'exiger, d'une
part, la présence du propriétaire lorsque le vol est commis dans une maison étrangère où le domestique accom-
pagne son maître, et d'autre part de ne point l'exiger
lorsque le vol est commis dans la maison du maître.

La jurisprudence donne au mot *domestique* la définition que nous trouvons dans un établissement de saint
Louis de 1270 (ch. 30, liv. 1), et qui, généralement
admise dans notre ancien droit, comprenait « tous ceux
qui étaient au pain et au vin de leurs maîtres, » en un
mot toutes les personnes soumises au maître de la maison, appliquant ainsi les peines du vol domestique non-
seulement aux serviteurs proprement dits, mais à tous
employés, secrétaires, intendants, précepteurs, clercs,
rétribués soit en ne recevant que la nourriture ou le loge-
ment, soit en recevant des appointements fixes ou même
des gratifications ou remises sur les affaires qui leur sont
confiées (1). Cette extension a soulevé de vives critiques
de la part des auteurs qui, invoquant la signification moderne du mot *domestique,* ne l'appliquent qu'aux agents

(1) Cass., 15 déc. 1825, 7 janv. 1830.

subalternes, et refusent d'y comprendre des personnes
dont les professions sont d'un caractère si différent. Déjà,
dans le dernier état de notre ancien droit, certains auteurs admettaient une semblable distinction, et Muyard
de Vouglans le constate, en se fondant sur ce que les vols
commis par gouverneurs, précepteurs, etc., n'ont point,
à beaucoup près, des caractères aussi graves que ceux
commis par des domestiques (1).

On peut se demander au premier abord quel est l'intérêt de cette question, puisque ces différents individus,
s'ils ne sont compris dans la première disposition du
n° 3 de l'art. 386, devront l'être dans la dernière, qui applique les peines du vol domestique à tout individu tra-
vaillant habituellement dans l'habitation où il aura volé ;
mais nous ferons remarquer que cette dernière disposition diffère de la première, en ce qu'elle exige un travail
habituel, et que la question reste entière pour les clercs,
commis, etc., qui ne travaillent que momentanément.

La domesticité n'est une circonstance aggravante que
pour le vol ou le fait d'y avoir participé, et non pas pour
le simple recel dont un domestique s'est rendu coupable
postérieurement au détournement, l'aggravation de peine
ici n'aurait plus sa raison d'être (2).

2° *Vols commis par ouvriers, compagnons ou apprentis.*

A la différence du vol domestique proprement dit, la

(1) *Lois crim.*, p. 295.
(2) Cass., 16 avr. 1848.

loi exige ici que le vol ait été commis dans la maison, le magasin ou l'atelier du maître. C'est en effet dans ces limites seules que se justifie par la nécessité la confiance forcée accordée par le maître à l'ouvrier. La loi ne parlant que du vol commis dans l'atelier ou le magasin du maître, l'ouvrier qui s'est rendu coupable de détournement dans une maison où il se trouverait momentanément, pour exécuter certains travaux de sa profession, ne pourrait être soumis aux peines du vol domestique. Enfin dans le silence de la loi nous n'exigerons pas que les objets volés appartinssent au maître.

3° *Vols par individus travaillant habituellement dans l'habitation.*

Deux conditions sont ici nécessaires : la première, que le travail soit habituel ; lorsque le travail n'est que momentané, le maître peut exercer une surveillance plus facile en ce qu'elle est d'une durée plus courte ; la seconde consiste à exiger, comme dans le cas précédent, que le vol ait été commis dans la maison, atelier ou magasin dans lequel l'accusé travaillait habituellement. La loi étant générale doit s'appliquer à toute espèce de travail, quelle que soit sa qualification, et doit même atteindre le vol commis le jour où aucun travail n'était exécuté.

4° *Vols par aubergistes et hôteliers.*

Ces vols étaient punis de la peine des galères dans notre ancien droit, et de huit années de fer sous le Code de 1791, qui étendait cette aggravation contre tous voyageurs ou habitants pour les vols commis dans l'auberge ; cette dernière disposition, effacée par la loi du 28 frimaire de l'an VIII, reproduite par le Code de 1810 dans l'art. 386, écartée de nouveau, sauf quelques exceptions spéciales, par la loi du 25 juin 1824, disparut complétement dans les réformes de la loi de 1832, et actuellement le voyageur qui se rend coupable de vol dans une auberge où il est logé ne sera soumis qu'aux peines correctionnelles du vol simple.

Cette aggravation de peine se fonde sur la confiance forcée que le voyageur est tenu d'avoir dans l'aubergiste, et sur l'impossibilité de se garantir contre de semblables détournements ; c'est encore pour les mêmes raisons que le Code Napoléon montre une si grande sévérité à l'égard de l'aubergiste, le rendant civilement responsable de tous les vols commis dans son auberge (art. 1952).

Bien que la fin du n° 4 de l'art. 386 paraisse exiger que l'objet ait été spécialement confié à l'aubergiste, nous dirons qu'une semblable condition, qui n'existe point en matière de responsabilité civile, n'est point ici nécessaire, et que ces dernières expressions n'ont été insérées que pour écarter l'application de la peine de l'art. 386 au cas où l'aubergiste serait devenu dépositaire à un autre titre que celui d'aubergiste. Alors même que le voyageur aurait, par une remise d'objets, constitué l'aubergiste dépositaire, celui-ci néanmoins, bien que n'ayant commis qu'un abus de confiance, sera soumis à la peine de la réclusion, car ce dépôt est un dépôt nécessaire, ayant pris naissance dans une confiance forcée et non dans une confiance volontaire.

L'art. 386 ne parle que des aubergistes et des hôte-
liers, devons-nous y comprendre les maîtres de maisons
garnies? Cette question avait fait l'objet d'une lutte très-
vive entre la Cour de cassation, d'une part, appliquant
dans ce cas l'art. 386 (1), et les Cours impériales, d'autre part, de Paris (2), d'Orléans (3) et d'Amiens, restrei-
gnant d'un commun accord cette disposition aux personnes spécialement désignées. Un avis du conseil d'Etat
du 11 octobre 1811, rendu à un moment où son interprétation avait force de loi, trancha définitivement cette
question dans le sens extensif admis par la Cour de cassation. Mais une autre question, qui n'a point reçu une semblable solution, et qui est encore vivement débattue, est
celle de savoir si le cabaretier ou restaurateur doit être
assimilé à l'aubergiste. La Cour de cassation (4), fidèle à
son principe, condamne ces individus à la réclusion pour
les vols qu'ils ont commis à l'encontre de ceux qui sont
venus chez eux prendre leur nourriture. Nous croyons
que la jurisprudence s'écarte beaucoup, non-seulement
des termes de la loi, mais aussi de son esprit et des motifs qui justifient cette aggravation de peine; nous ne
trouvons pas, en effet, la nécessité pour le voyageur d'accorder une entière confiance au cabaretier; d'ailleurs les
effets qu'il apporte sont généralement peu nombreux et
aisément surveillés (5).

(1) Cass., 4 avr. 1811, 27 juin 1811.
(2) Paris, 5 mars 1811.
(3) 21 mai 1811.
(4) Cass., 17 juin 1830.
(5) Gand, 13 déc. 1860.

5° *Vols par voituriers et bateliers.*

De même que l'art. 1782 du Code Napoléon assimile les bateliers et les voituriers aux aubergistes en ce qui concerne la responsabilité civile, de même, en matière pénale, l'art. 386, n° 4, leur applique une peine identique ; car, dans ces deux cas, nous trouvons les mêmes motifs d'aggravation, et, comme la remise de l'objet prend naissance dans une confiance nécessaire, l'abus qui en a été fait doit être puni des peines du vol, bien que ne présentant pas les caractères d'une soustraction frauduleuse.

L'art. 386 ne peut s'appliquer qu'aux voituriers et bateliers qui font métier de l'être, et non aux simples particuliers qui le deviennent sur un mandat spécial ; car, si dans le premier cas la confiance nécessaire est accordée à la profession de voiturier, dans le second elle est accordée à la personne que le propriétaire a volontairement choisie et contre laquelle il ne peut réclamer une protection spéciale.

L'art. 15 d'une loi du 10 avril 1825 applique cette disposition non-seulement aux patrons et gens d'équipages, mais encore aux simples passagers, considérant que dans ces circonstances la propriété, étant plus exposée et plus difficilement surveillée, devait mériter une protection plus efficace.

SECTION II.

VOLS QUALIFIÉS A RAISON DU LIEU.

1° *Vols dans les maisons habitées.*

Le législateur devait accorder une protection spéciale à la demeure du citoyen et la garantir contre toutes les entreprises qui tendraient à en troubler le repos; mais, à la différence du principe admis par le Code de 1791, cette circonstance seule, que le vol a été commis dans une maison habitée, n'a point été jugée suffisante pour entraîner une peine plus rigoureuse, et cet acte devra, par d'autres circonstances, révéler chez son auteur une perversité plus grande et offrir un danger plus grave par la difficulté, ou même l'impossibilité de s'en garantir. S'il a été commis à l'aide d'effraction, d'escalade ou de fausses clefs, il sera soumis à la peine des travaux forcés à temps, et s'il a eu lieu la nuit ou en réunion de plusieurs personnes, à la peine de la réclusion. (Art. 384 et 386, n° 1.)

L'art. 390 définissant d'une manière générale ce qu'il faut entendre par ces mots, *maisons habitées*, y comprend tous les bâtiments avec leurs dépendances qui, sans être habités, sont destinés à l'habitation, ou qui, sans être destinés à l'habitation, sont temporairement habités. Les tribunaux auront sur ce point toute latitude d'appréciation pourvu qu'elle ne sorte pas des limites d'une saine

interprétation, comme la Cour de Paris (1), qui a réputé
bâtiment destiné à l'habitation une maison dont les cons-
tructions, quoique très-avancées, n'étaient pas encore
terminées; ces mots de l'art. 390, invoqués par cette
doctrine, « tout bâtiment qui, sans être actuellement ha-
bité, *est destiné à l'habitation,* » ne nous paraissent pas
indiquer une maison qui tôt ou tard devra être habitée,
mais une maison qui, quoique n'étant pas actuellement
habitée, était susceptible de l'être.

On doit entendre par dépendances d'une maison habitée, dans l'art. 381, tout ce qui est attenant à cette
maison et renfermé par une même enceinte, ou encore,
comme l'a fait remarquer Merlin, tous les bâtiments qui
forment cette enceinte. Nous y comprendrons les parcs,
enclos et jardins; cette opinion fut combattue par M. Legraverend, qui faisait remarquer qu'un vol commis dans
un parc, parfois très-étendu, ne pouvait être aussi sévèrement puni qu'un vol commis dans une maison habitée;
mais elle est généralement admise par les auteurs qui
veulent qu'un parc ou un enclos, dont l'usage est exclu-
sivement personnel au propriétaire, jouisse de la même
sécurité et de la même protection que la maison elle-
même, dont ils sont les dépendances.

Le Code pénal de 1791 édictait une peine spéciale de
quatre années de fer contre les vols commis dans les
salles de spectacles et édifices publics; le législateur de
1810 ayant gardé le silence sur ce point, la question s'é-
tait élevée de savoir si les églises et les salles de spec-

(1) Paris, 19 déc. 1851.

tacle devaient être considérées comme maisons habitées.
La loi de 1832 consacra cette assimilation en ce qui concerne les édifices consacrés aux cultes, et la question
restant entière pour les salles de spectacle, nous déciderons que la loi, en principe, n'a voulu accorder une protection spéciale qu'à la demeure de l'homme ou à son lieu
de repos, et non à ces lieux publics qui ne servent qu'à
des réunions courtes ou temporaires.

Une autre disposition du Code de 1791, que nous ne
trouvons pas reproduite dans notre législation actuelle,
est celle qui punissait plus sévèrement le vol commis
dans une voiture publique. La Cour de cassation a reconnu qu'un semblable vol ne pouvait être assimilé au
vol commis dans une maison habitée.

2° Vol dans les édifices consacrés aux cultes.

Nous venons de voir que la Cour de cassation, contrairement à l'opinion constante des Cours impériales, avait,
sous l'empire du Code de 1810, considéré les églises
comme des maisons habitées, et appliquait aux vols
qui s'y commettaient la pénalité infligée aux vols commis
dans les maisons. Cette opinion, consacrée dans les art. 11
et 16 de la loi du 20 avril 1825 sur le sacrilége, ayant
perdu toute sanction législative par l'abrogation de cette
loi, fut reproduite en 1832 dans l'art. 386, n° 1. La loi
n'a voulu protéger que les édifices affectés à des cultes
reconnus par l'État, et non pas les chapelles particulières
ou les lieux de réunion des cultes non reconnus. Nous
devons faire remarquer que l'assimilation des églises avec
les maisons habitées n'est point absolue, et que, si elle

est admise par l'art. 385 modifié par la loi du 13 mai
1863 et l'art. 386, elle n'est consacrée ni dans l'art. 381
ni dans l'art. 384.

3° *Vols dans les dépôts publics.*

« Un dépôt public, dit l'exposé de motifs, est un asile
sacré, et tout enlèvement qui y est commis est une violation de la garantie sociale, un attentat contre la foi publique. » Aussi le Code pénal range-t-il ces soustractions
parmi les crimes et délits contre la chose publique. L'art.
255 recherche si c'est le dépositaire lui-même ou un
étranger qui s'est rendu coupable du détournement; dans
le premier cas il prononce la peine des travaux forcés à
temps, dans le second, la peine de la réclusion. D'ailleurs la
peine infligée au dépositaire ne s'étend point à ses préposés qui en cas de vol ne seront passibles que de la réclusion (1).

La loi entend par dépôts publics les archives, greffes,
les musées et bibliothèques, etc., et assimile au vol qui s'y
commet le vol d'une pièce remise à un dépositaire public
dans l'exercice de son ministère, en quelque lieu que ce
dépôt lui ait été fait. Puisque ces soustractions rentrent
dans la catégorie des vols, nous leur appliquerons l'aggravation de pénalité attachée, d'après le droit commun, aux
diverses circonstances qui les auront accompagnées (2).
L'art. 256 fait application de ce principe au cas de violence exercée envers les personnes.

(1) Cass., 2 juin 1853.
(2) Nîmes, 17 fév. 1853.

4° *Vols sur les chemins publics.*

La libre et tranquille circulation du voyageur exige une répression spéciale pour tous les vols commis sur les chemins publics, en raison du trouble qu'ils jettent dans la société, la facilité avec laquelle ils se commettent et le danger grave auquel est exposé le voyageur isolé et sans secours. Si notre ancienne jurisprudence a montré en pareille matière une excessive rigueur, puisqu'elle punissait de la peine de mort tout vol commis sur les chemins publics, qu'il eût été ou non accompagné de violence, le Code de 1791 tomba dans un excès contraire et ne prononça l'aggravation de peine que lorsqu'il y avait eu emploi de violence ou de force ouverte contre les personnes.

Le Code de 1810, dans l'art. 383, infligeant sans autre explication la peine des travaux forcés à perpétuité aux vols commis sur les chemins publics, avait fait naître la question de savoir si une pénalité aussi rigoureuse pouvait s'appliquer même aux vols qui n'avaient point été accompagnés de violence; la jurisprudence avait varié sur ce point et avait en dernier lieu donné un sens général à la disposition de l'art. 383. Une semblable interprétation rendait la pénalité trop rigoureuse, aussi la loi du 25 juin 1824, dans son art. 7, permit aux tribunaux de n'appliquer que la peine des travaux forcés à temps ou de la réclusion, pourvu que les vols eussent été commis sans violence et sans aucune des circonstances aggravantes de l'art. 381; cette atténuation était facultative et ne pouvait s'étendre aux vagabonds, mendiants ou autres individus antérieurement condamnés.

La loi de 1832 réglementa à nouveau cette matière, diminuant les peines encore trop sévères, et mesurant équitablement leur nature et leur étendue, d'après les circonstances qui avaient accompagné l'acte principal. Le vol simple commis sur les chemins publics est puni de la réclusion, s'il est accompagné d'une des circonstances indiquées par l'art. 381; la peine s'élève aux travaux forcés à temps, et aux travaux forcés à perpétuité, si deux ou plusieurs de ces circonstances se trouvaient réunies.

Puisque l'aggravation de peine repose sur cette idée que le vol a dû porter atteinte à la sécurité des voyageurs, nous dirons qu'elle ne peut s'appliquer au vol d'objets déposés accidentellement sur la voie publique, tels qu'instruments, matériaux, etc., qui n'accompagnent pas un voyageur et ne voyagent pas eux-mêmes (1). Il faut de plus que l'agent profite et abuse de la facilité que le chemin lui donne, et c'est la raison pour laquelle le voyageur ou le voiturier qui commet un vol ne peut être passible des peines spéciales édictées par la loi (2).

Les anciennes ordonnances et le droit intermédiaire, pour désigner le lieu où le vol avait dû être commis, ne parlaient que des *grands chemins*; l'art. 381 emploie l'expression plus générale de *chemins publics*, mais il n'indique pas ce qu'il faut entendre par ces mots, et la

(1) Dijon, 4 août 1859.
(2) Cass., 6 mars 1846.

jurisprudence incline à faire de cette question une question de fait portant sur l'usage ou la publicité des chemins (1). La généralité des auteurs, au contraire, donne une définition fixe et précise, entendant par chemins publics tous ceux qui sont déclarés par l'autorité administrative destinés à un usage public, et écartant ainsi tous ceux qui sont une propriété privée, et qui servent plutôt à l'exploitation d'un domaine particulier qu'au passage des habitants. Les auteurs sont unanimes pour ne pas étendre l'aggravation de la peine aux vols commis dans les rues d'une ville, bien qu'elles soient le prolongement de chemins publics (2); dans ce cas, en effet, le voyageur n'a plus à craindre les dangers auxquels son isolement pouvait l'exposer.

SECTION III.

VOLS QUALIFIÉS A RAISON DU TEMPS.

La circonstance que le vol a été commis la nuit doit contribuer à son aggravation; car, en même temps qu'il dénote chez son auteur une préméditation plus arrêtée qui fait craindre de sa part l'intention d'employer la violence, il expose la propriété à un péril plus grand par la facilité avec laquelle il peut se commettre et la difficulté de découvrir et d'arrêter le voleur. Mais cette circons-

(1) Cass., 28 avr. 1824.
(2) Paris, 22 déc. 1835.

tance ne pourra aggraver la peine que si elle est accompagnée d'une ou de plusieurs autres, pouvant, suivant les dispositions des art. 381, 383, 385, 386, entraîner tantôt la peine des travaux forcés à perpétuité, tantôt la peine des travaux forcés à temps, tantôt la réclusion, tantôt enfin, d'après l'art. 388, une aggravation dans les peines correctionnelles.

Une question qui divise les auteurs et la jurisprudence, est celle de savoir ce qu'il faut entendre par ces mots, *pendant la nuit.* La Cour de cassation, étendant au cas qui nous occupe le principe posé par l'art. 4 de la loi du 15 germinal de l'an VI et par l'art. 781 du Code de procédure civile, d'après lequel aucun débiteur ne peut être arrêté avant le lever ou après le coucher du soleil, fait courir le temps de nuit du coucher au lever du soleil. D'après M. Bourguignon (1), il faut appliquer l'art. 1037 du Code de procédure civile et dire que la nuit commence à six heures du soir pour se terminer à six heures du matin, depuis le 1er octobre jusqu'au 31 mars, et de neuf heures du soir à quatre heures du matin, depuis le 1er avril jusqu'au 30 septembre. Enfin, M. Carnot (2), abandonnant le principe d'une règle fixe que le Code de procédure a été dans la nécessité d'admettre, s'en rapporte aux usages et coutumes du lieu où le vol s'est commis, et fait commencer la nuit à l'heure où les habitants rentrent dans leur demeure pour s'y livrer au repos. Cette dernière opinion, assez conforme aux motifs qui ont fait de la nuit une cir-

---

(1) *Jur. du Code crim.*, t. I, p. 140.
(2) *Comm. du Code pénal*, t. II, p. 265.

constance aggravante, nous paraît s'écarter du texte de la loi, car elle laisse de côté la question de savoir s'il faisait jour ou nuit au moment de l'accomplissement du vol. Aussi pensons-nous que la loi a voulu laisser aux tribunaux le soin d'examiner si le vol a été commis à un moment où l'obscurité devait en faciliter l'exécution ; et, comme base de cette appréciation, nous dirons qu'en général la durée de la nuit courra du crépuscule du soir à celui du matin (1).

SECTION IV.

VOLS QUALIFIÉS A RAISON DES CIRCONSTANCES DE LEUR EXÉCUTION.

1° *Vols par plusieurs personnes.*

Le concours de plusieurs personnes dans la perpétration d'un vol doit être un élément d'aggravation pour deux motifs : il suppose, de la part des coupables, une préméditation plus réfléchie et présente un danger plus grave en facilitant le vol et en faisant redouter l'emploi de la violence. Mais, ici encore, la loi n'a point considéré que ce fait dût à lui seul entraîner aggravation de peine, et exige, pour qu'il influe sur la pénalité, que d'autres circonstances viennent se combiner avec lui, suivant la détermination indiquée dans les art. 381, 383, 385, 386.

Une double exception à ce principe existe, comme

(1) Nîmes, 7 mars 1829.

nous l'avons vu, dans le cas de maraudage et dans le cas de vol de récoltes détachées du sol, la loi leur applique des peines correctionnelles plus rigoureuses lorsqu'ils ont été accomplis en réunion de deux ou plusieurs personnes (art. 388, n°ˢ 4 et 5). Lorsque la loi parle du concours de plusieurs personnes, elle exige que chacune d'elles ait coopéré aux faits d'exécution, en prenant une part effective, non-seulement aux actes préparatoires, mais à la soustraction elle-même, pendant sa consommation. Il ne suffit donc pas qu'un voleur ait eu des complices; car, si ce fait nous révèle, chez l'auteur principal, une préméditation bien arrêtée, il ne présente pas cette facilité dans l'exécution et cette présomption d'un recours à la violence, que le législateur a eu pour but de prévenir.

2° *Vol avec port d'armes.*

Le fait de porter des armes, apparentes ou cachées, a paru au législateur une circonstance plus grave que les autres, car il révèle, chez le coupable, l'intention d'employer la force, et, inspirant la crainte, peut faciliter l'exécution du vol; aussi, est-il jugé suffisant, indépendamment de toute autre circonstance, pour modifier le caractère du vol et faire appliquer, aux termes de l'art. 386, n° 2, la peine de la réclusion. Si d'autres circonstances venaient se joindre à ce fait, la peine peut être des travaux forcés à temps ou des travaux forcés à perpétuité, suivant les art. 381, 383, 385. L'art. 385, tel qu'il a été modifié par la loi du 13 mai 1863, prononce la peine des travaux forcés à temps, lorsque le fait de port d'armes est accompagné de deux autres circonstances qu'il indique ; cette réforme a eu pour but d'atteindre un crime très-commun, le vol commis la nuit dans une maison habitée, par une seule personne armée.

3° *Vol avec effraction.*

Cette circonstance doit être un élément d'aggravation, parce que, introduisant le malfaiteur, malgré les obstacles qu'il peut rencontrer, dans la demeure du citoyen, elle porte une atteinte directe à son repos et à sa sécurité, rend toute surveillance inutile et illusoire, et expose à un danger d'autant plus grand, qu'il est inattendu et inévitable. La législation actuelle, plus douce que nos anciennes ordonnances qui prononçaient la peine de mort, punit des travaux forcés à temps tout individu coupable de vol avec effraction, commis dans un édifice servant ou non à l'habitation, ou dans les parcs et enclos. alors même qu'ils ne dépendraient pas de maisons habitées. La peine peut être des travaux forcés à perpétuité, si le vol avec effraction réunit toutes les autres circonstances indiquées dans l'art. 381.

L'art. 393, dans la définition qu'il donne de l'effraction, exige deux conditions : la première, qu'il y ait forcément dégradation ou rupture, en un mot, emploi d'un moyen violent; la seconde, que l'objet ainsi forcé serve de clôture ou d'enveloppe, et soit un obstacle à l'appréhension de la chose par le voleur.

La loi distingue l'effraction extérieure et l'effraction intérieure. L'effraction est extérieure, d'après l'art. 395, lorsqu'elle introduit du dehors dans un édifice, un enclos ou ses dépendances ; elle est intérieure, quand elle est faite aux portes ou clôtures du dedans, armoires ou autres meubles fermés (art. 396). Nous ferons remarquer que, si cette double effraction entraîne également la peine des travaux forcés à temps dans l'art. 384, l'art. 381 ne parle que de l'effraction extérieure, écartant ainsi l'effraction intérieure, comme pouvant être une des cinq circonstances aggravantes dont la réunion emporte la peine des travaux forcés à perpétuité.

Une condition essentielle de l'aggravation de peine est que le vol ait été commis dans des maisons habitées ou servant à l'habitation, ou leurs dépendances, tel est le principe posé par l'art. 381, 4° ; mais l'art. 384, plus général, s'applique même aux vols commis « dans les édifices, parcs ou enclos, non servant à l'habitation et non dépendants des maisons habitées. »

L'effraction extérieure a dû avoir pour objet de faciliter l'introduction du voleur, par conséquent l'enlèvement d'une grille de fer scellée qui ferme la clôture ne peut être considéré comme un vol avec effraction ; la Cour de cassation (1) soutient au contraire qu'il suffit que l'introduction ait été rendue possible par l'effraction et s'appuie sur ces termes de l'art. 395 : « Les effractions extérieures sont celles à l'aide desquelles on *peut* s'introduire dans les maisons. » Mais ce texte ne nous paraît avoir indiqué que les caractères de l'effraction, et non pas le cas où le vol avec effraction doit entraîner aggra-

(1) Cass., 16 avr. 1843.

vation de peine (1). Nous ajouterons qu'une pénalité rigoureuse ne pourrait s'expliquer dans un cas semblable.

M. Merlin soutient que le voleur qui, entrant dans une maison sans rencontrer d'obstacles, ne recourt à l'effraction que pour en sortir, le vol une fois commis, doit être condamné pour vol avec effraction ; car, dit-il, le vol n'est réellement consommé que par l'action qui fait passer l'objet d'un endroit à un autre, et dans ce cas l'effraction a contribué à son exécution (2). Cette opinion ne nous paraît conforme ni au principe d'après lequel le vol existe par le seul fait de la soustraction, ni par conséquent au texte de la loi qui, parlant d'un vol commis avec effraction, suppose que l'effraction a été le moyen employé pour le commettre, ni enfin aux motifs qui justifient l'aggravation de peine, car ce fait ne révèle pas chez son auteur la préméditation, et ne présente pas tous les dangers d'une introduction violente.

Aux termes de l'art. 396, 2°, la loi considère comme effraction intérieure, « le simple enlèvement de caisses, boîtes, ballots sous toile et corde et autres meubles fermés, qui contiennent des effets quelconques, bien que l'effraction n'ait pas été faite sur le lieu. » Mais nous exigerons que ces meubles enlevés aient été ouverts, car dans le cas contraire, s'il y a eu intention de fracture, cette intention doit échapper à toute répression tant qu'elle n'a pas été réalisée par un fait matériel (3).

(1) Paris, 19 déc. 1851.
(2) Merlin, *Répert.*, vol, sect. 2, § 3. Angers, 21 mars 1854.
(3) Cass., 13 janv. 1832, 2 mai 1857. En sens contr., 14 déc. 1839.

Il est nécessaire que l'enlèvement ait eu lieu dans un édifice ou ses dépendances, si bien que la soustraction par un dépositaire à l'aide d'effraction du contenu d'une malle qui lui avait été confiée ne pourra être poursuivie qu'en qualité d'abus de confiance (1).

Nous inclinerions à admettre que le vol d'une clôture intérieure qui a été brisée ou détachée par effraction est susceptible de l'aggravation de peine, car si nous avons donné une solution différente pour le cas où le vol comprenait une clôture extérieure, la raison en était que le vol doit être toujours commis dans l'intérieur d'un édifice ou un enclos après l'introduction du voleur dans cet édifice ou dans cet enclos ; or, cette circonstance se rencontre dans le cas qui nous occupe (2).

4° Vol avec escalade.

Les raisons que nous avons indiquées pour légitimer l'aggravation de peine dans le cas de vol avec effraction se rencontrent ici, et la pénalité est la même (art. 381, 4° ; 384). L'art. 397, dans la définition qu'il donne de l'escalade, exige qu'il y ait eu introduction dans un édifice ou enclos quelconque, en passant de l'extérieur dans l'intérieur. Par application de ce principe, nous déciderons en premier lieu que l'escalade pratiquée par le voleur pour passer dans l'intérieur d'une maison, d'une partie à une autre, ne peut être la circonstance exigée par la loi, du moment que l'introduction première s'est accomplie sans

---

(1) Cass., 10 fév. 1838, 7 juin 1821.
(2) Cass., 7 nov. 1812.

ce moyen ; et en second lieu, que le fait d'apposer des échelles dans le but d'arriver sur le toit d'une maison ou de voler un objet placé en dehors, ne peut constituer un vol avec escalade (1).

Comme second élément de l'escalade, l'art. 397 exige que l'entrée ait eu lieu à l'aide d'un moyen extraordinaire, sans pourtant rendre nécessaire l'emploi d'instruments étrangers, ou le recours à des efforts personnels. Cette dernière condition était exigée sous la période intermédiaire par la jurisprudence, qui interprétait ainsi ces mots de l'art. 11 du Code de 1791 (2e part., tit. II, sect. 2) : « Tout vol commis en *escaladant*. » L'art. 397 du Code de 1810 se sert d'un mot plus large en parlant de toute entrée exécutée *par-dessus les murs, portes ou clôtures;* aussi le seul fait d'enjamber une fenêtre ou une haie, quelque peu élevées qu'elles soient, peut constituer une escalade, mais cette solution ne pourrait être donnée si l'introduction avait eu lieu par une porte trouvée ouverte, ou par la brèche d'un mur de clôture, offrant un accès libre.

Le 2º de l'art. 397 assimile à l'escalade « l'entrée par une ouverture souterraine autre que celle qui a été établie pour servir d'entrée. »

5º *Vol avec fausses clefs.*

Cette circonstance, dans la pénalité qu'elle entraîne, est assimilée à l'escalade et à l'effraction, car elle pré-

---

(1) Cass., 11 avr. 1856, 4 avr. 1858. En sens contr., Paris, 19 décembre 1851.

sente les mêmes motifs d'aggravation. L'usage de fausses clefs doit avoir eu pour but de faciliter un vol commis dans l'intérieur d'un édifice ou de ses dépendances. Il peut être, comme l'effraction, extérieur ou intérieur ; et, alors même qu'il ne serait qu'intérieur, il pourrait être une des cinq circonstances dont la réunion entraîne, d'après l'art. 381, la peine des travaux forcés à perpétuité, tandis que l'effraction, comme nous l'avons vu précédemment, doit être extérieure pour donner lieu à l'application de cet article.

L'art. 398 donne la définition de ce qu'il faut entendre par fausses clefs ; nous y remarquons cette disposition qu'il n'est pas nécessaire que la clef ait été imitée, mais qu'il suffit qu'elle ait été employée à une serrure à laquelle elle n'était pas destinée. Par application de ce principe, la Cour de cassation soutient que le fait de se servir de la clef véritable, lorsqu'elle a été perdue ou soustraite, constitue un usage de fausses clefs ; car, dit-elle, cette clef n'a plus sa destination originaire, puisque le propriétaire est tenu de la remplacer (1). Cette opinion ne nous paraît pas conforme au texte de l'art. 398 qui suppose que ces clefs n'ont jamais été destinées à la serrure dans laquelle on les emploie.

La fabrication de fausses clefs entraîne un emprisonnement de trois mois a deux ans, et une amende de vingt-cinq francs à cent cinquante francs ; si le coupable est un serrurier de profession, la peine qui, jusqu'à la loi de 1863, était la réclusion, est actuellement un empri-

(1) Cass., 27 avr. 1855.

sonnement de deux ans à cinq ans et une amende de cinquante francs à cinq cents francs. Comme le fait remarquer l'art. 399 dans son dernier alinéa, la pénalité pourrait devenir plus forte, si celui qui a contrefait ou altéré des clefs connaissait l'usage qui devait en être fait pour un vol déterminé, car ici on devrait appliquer les principes de la complicité.

6° *Vol commis à l'aide d'un faux titre, d'un faux costume, ou alléguant un faux ordre.*

Cette circonstance est assimilée, dans les art. 381, 4°, et 384, à l'escalade, à l'effraction et à l'usage de fausses clefs; nous devons toutefois noter une différence qui résulte des termes de l'art. 384, et exiger que le vol dont nous nous occupons, pour être soumis à la peine édictée dans cet article, ait été commis dans une maison habitée ou servant à l'habitation, ou dans ses dépendances.

Nous ne dirons pas, avec M. Carnot, qu'il y a lieu d'appliquer l'aggravation de peine, alors même que le voleur aurait pris un titre ou un costume qu'il avait le droit de porter ; si la loi ne reproduit pas ces expressions, *faux titres* ou *faux costumes*, que nous trouvons employées dans les travaux préparatoires du Code, elle se sert de termes qui ont la même portée lorsqu'elle dit : « soit en prenant le costume d'UN fonctionnaire public ou d'UN officiel civil ou militaire. »

7° *Vol avec violence.*

La violence a été considérée par la loi comme la circonstance qui devait entraîner la répression la plus rigoureuse, parce qu'elle n'est pas seulement un attentat dirigé contre la propriété, mais aussi contre la personne. Aussi, indépendamment de toute autre circonstance, son emploi donne-t-il au vol le caractère de crime et élève-t-il la peine jusqu'aux travaux forcés à temps (art. 382), tandis que le port d'armes par lui seul n'entraîne que la peine de la réclusion.

Si la violence est accompagnée des quatre premières circonstances indiquées par l'art. 381, ou encore si, indépendamment de toute autre circonstance, elle a laissé des traces de blessures ou de contusions, la peine sera des travaux forcés à perpétuité. Cette identité de peine infligée à deux faits qui peuvent présenter des caractères de criminalité différents, est vivement critiquée par les auteurs, qui trouvent, d'une part, la peine trop rigoureuse dans le second cas, alors surtout que la blessure ou la contusion a été légère et n'a pas eu de suites graves, et, d'autre part, peu en harmonie avec l'ensemble des pénalités infligées aux vols qualifiés.

Une autre anomalie qui résultait des réformes de la loi de 1832 a été effacée par la loi de 1863 ; l'art. 382, d'une part, condamnait à la peine des travaux forcés à temps le vol commis avec violence et accompagné de deux des circonstances prévues par l'art. 381, et, d'autre part, l'art. 385 prononçait la même peine contre tout vol commis avec violence et sans être accompagné d'aucune autre circonstance ; la première disposition devenait inutile en présence de la seconde, et faisait double emploi avec elle ; aussi, la loi de 1863, substituant dans le premier alinéa de l'art. 382 la disposition auparavant insérée dans l'art. 385, qui infligeait la peine des travaux forcés à temps pour le vol commis seulement à l'aide de violence, ne parle plus du cas où le vol commis avec violence était accompagné de deux autres circonstances aggravantes.

Doivent être réputées violences toutes les voies de fait, qu'elles aient ou non laissé des traces de blessures ou de contusions, qu'elles aient ou non porté atteinte à la sûreté des personnes, qu'il y ait eu ou non des armes employées; ainsi, le fait de retenir de vive force pendant l'exécution du vol suffit pour qu'il y ait eu violence. L'art. 381 assimile aux voies de fait la menace par l'agent de faire usage de ses armes; malgré l'opinion contraire de M. Carnot, nous étendrons cette disposition au cas prévu par l'art. 382, bien qu'il n'y soit parlé que de violence.

Dans le cas où le voleur a recouru à la violence, non pour arriver à commettre le vol, mais, le vol une fois commis, pour assurer sa fuite, nous dirons, comme au cas d'effraction, que les art. 381 et 382 sont inapplicables ici, parce que le vol n'a pas été commis à l'aide de violence (1).

Une espèce particulière de vol, prévue par l'art. 400, 1°, et punie de la peine des travaux forcés à temps, est « l'extorsion par force, violence ou contrainte de la signature ou de la remise d'un écrit, d'un acte, d'un titre, d'une pièce quelconque contenant une opération, obligation, disposition ou décharge. » Cet article n'entend par-

---

(1) En sens contr., Cass., 18 déc. 1842.

ler que des obligations ou décharges qui intéressent la
fortune du signataire ou du propriétaire, et non de toutes
les pièces qui ne pourraient compromettre que la réputation ou l'honneur ; nous ne trouvons pas, en effet, ce préjudice matériel que l'art. 400 paraît exiger. Si la pièce
soustraite est entachée de nullité, l'extorsion ne pourra
être poursuivie comme crime accompli, mais comme tentative, dans les cas où elle n'a manqué son effet que par
une circonstance indépendante de la volonté de son auteur. L'art. 400, en exigeant que l'extorsion soit effectuée
par force, violence ou contrainte, comprend dans cette
énumération aussi bien la violence morale que la violence
physique, pourvu toutefois que cette violence morale n'ait
pas été seulement une simple intimidation, mais qu'elle
ait inspiré à la victime la crainte d'un mal considérable
et présent, devant atteindre sa personne ou ses biens.

CHAPITRE V

DES CONSÉQUENCES CIVILES DU VOL

Nous nous occuperons dans ce chapitre de la prescription des meubles volés, de la responsabilité du voleur en cas de perte de l'objet, et des divertissements commis entre héritiers sur les biens d'une succession, ou entre époux sur les biens de la communauté.

1° *De la prescription des objets mobiliers.*

Notre législation admet en principe la prescription instantanée des meubles, et s'exprimant en ces termes : « en fait de meubles, possession vaut titre, » refuse au propriétaire la revendication en matière mobilière. Une semblable disposition, nécessaire à la confiance et à la sécurité que doivent inspirer, dans l'intérêt du commerce, ces transmissions rapides et successives, porte atteinte au droit de propriété ; mais on a considéré que le propriétaire ne pouvait se plaindre du tort qui lui était causé, car en se dépossédant volontairement de l'objet qui lui appartenait, il a par sa faute induit en erreur les tiers qui ont pu légitimement présumer que l'acte était translatif de propriété.

Ce principe, qui nous vient de l'ancien droit germanique, n'existait pas dans le droit romain ; la loi des Douze Tables appliquait aux meubles possédés de bonne foi et avec juste titre, la prescription d'un an, et Justinien y substitua la prescription de trois ans.

Plusieurs de nos anciennes coutumes avaient reproduit la théorie romaine, d'autres ne s'étaient point prononcées, et la question s'était élevée de savoir quelles dispositions on devait leur appliquer. Bourjon, rapportant la jurisprudence du Châtelet de Paris, nous dit que la simple possession produit tout l'effet d'un titre parfait (1).

Sous la législation actuelle, en présence de l'art. 2279, c'est un principe constant, reconnu par tous les auteurs, que le possesseur de bonne foi devient propriétaire au moment où sa possession commence. Toullier a voulu pourtant soutenir, mais son opinion n'est pas admissible (art. 1141), que la prescription de trois ans s'appliquait encore aux meubles et que l'art. 2279 a eu pour but de dire que la bonne foi était seule nécessaire, et que le juste titre ne l'était pas, le fait de la possession devant y suppléer (2).

Ce principe, posé par le premier alinéa de l'art. 2279, subit une double restriction indiquée dans le second alinéa du même article, qui transforme la prescription instantanée

(1) T. I, p. 911, édit. de 1747.
(2) T. XIV, p. 115 et suiv.

en une prescription triennale toutes les fois que l'objet a été perdu ou volé. Ici encore, notre droit français diffère du droit romain qui ne permettait point la prescription des meubles volés, si ce n'est, sous Justinien, après un délai de trente ans, alors même qu'ils se seraient trouvés entre les mains d'un possesseur ayant bonne foi et juste titre. « Cette disposition du droit romain, disait Pothier, qui ne permet pas qu'un possesseur de bonne foi puisse acquérir par la prescription les choses furtives, me paraît être un droit purement arbitraire, et je ne vois rien dans les principes du droit naturel qui doive empêcher le possesseur de bonne foi d'une chose furtive de l'acquérir par la prescription (1). » Aussi Pothier ajoute-t-il que les pays coutumiers n'observent pas une semblable disposition et qu'ils admettent la possibilité en même temps que la nécessité de la prescription.

Le propriétaire pourra donc revendiquer pendant trois ans le meuble qui lui a été volé, car il mérite ici protection contre des actes dont il ne peut être responsable, et la loi n'ayant aucune faute grave à lui reprocher a dû sauvegarder ses droits, et faire prévaloir la rigueur des principes sur l'intérêt du possesseur. Mais cette disposition, étant une exception au principe général posé dans le premier alinéa de l'art. 2279, doit être interprétée d'une manière limitative, et ne peut s'étendre à ces actes qui ont pour résultat de dépouiller illégalement le propriétaire, mais qui ne présentent pas les caractères d'une soustraction, élément essentiel du vol. Nous ne donne-

---

(1) *De la Prescript.*, part. I, art. 3.

rons donc aucune action en revendication au propriétaire
contre celui qui a reçu d'un dépositaire, d'un locataire,
d'un commodataire, d'un mandataire, ou de tout autre
détenteur précaire, l'objet qui leur avait été confié.

Les *Établissements de saint Louis* admettaient déjà
une semblable décision, lorsqu'ils disent que la revendication doit être admise si la dessaisine a été involontaire, et refusée lorsqu'elle est volontaire (1). Le *Miroir
saxon* (2) distinguait aussi entre la rétention frauduleuse
ou la cession accomplie par celui entre les mains duquel
le propriétaire s'était dessaisi de l'objet, et le vol proprement dit, qui supposait une *contrectatio* dépossédant le
propriétaire ; il ne permettait la revendication que dans
le second cas, et dans le premier lorsqu'il y avait eu
dépôt (3). Enfin Bourjon, interprète de la jurisprudence
du Châtelet de Paris, professait une semblable doctrine,
sans toutefois assimiler le dépôt au vol (4). Dans ces différents cas, le possesseur privé de sa chose n'a qu'une
action personnelle contre celui à qui il l'a remise, en
vertu de la maxime : *C'est où on a laissé sa foi qu'il
faut aller la chercher.*

Cette opinion, généralement soutenue par les auteurs
et la jurisprudence, est conforme aux motifs du principe
général de l'art. 2279, car la position du tiers acquéreur
offre plus d'intérêt que celle du propriétaire responsable
de la négligence qu'il a montrée en suivant la foi d'un

(1) *Établissements de saint Louis*, liv. I, ch. XCI ; liv. II, ch. XVII.
(2) *Miroir saxon*, II, 29, 37; III, 89.
(3) *Revue de législation*, 1845, t. I, p. 371: t. II, p. 281.
(4) T. II, p. 695, édit. de 1770.

dépositaire infidèle. Nous ajouterons qu'un système contraire écarterait presque tous les cas d'application du premier alinéa de l'art. 2279.

La question est plus vivement controversée en ce qui concerne l'escroquerie. M. Troplong (1) et plusieurs auteurs veulent assimiler ce délit au vol, et donner dans ce cas la revendication au propriétaire dont le consentement n'a pas été sérieux et la dépossession volontaire; il ajoute que la loi pénale elle-même applique une peine identique au vol et à l'escroquerie. Cette opinion ne nous paraît pas conforme au texte de la loi qui exige un vol, c'est-à-dire une soustraction ou une dépossession involontaire du propriétaire; nous ajouterons que celui-ci, connaissant la personne qui l'a dépouillé, l'auteur des manœuvres frauduleuses, pourra diriger ses poursuites d'une manière plus efficace et plus prompte que celui qui a été victime d'un vol commis par un individu qu'il ne connaît pas (2).

Le principe en cette matière est donc de rechercher si le dessaisissement a été ou non volontaire, et si le propriétaire est ou non digne d'intérêt; nous exigerons donc qu'il y ait eu une soustraction, mais cette soustraction nous paraît suffire, alors même qu'elle ne serait point frauduleuse, ou qu'aux termes de la loi elle ne pourrait être soumise à une répression pénale en raison de l'âge ou de la qualité de son auteur. De ce que l'agent est irresponsable aux yeux de la loi pénale, il ne s'ensuit pas que le propriétaire doive être considéré par la loi civile

---

(1) Troplong, *Des Prescriptions*, II, 1069. Bordeaux, 3 janvier 1859.
(2) Cass., 7 fév. 1849. Paris, 9 janv. 1862.

comme responsable, et subir les conséquences d'un fait qui ne peut être imputé à sa négligence, soit qu'il ait ou non entraîné contre son auteur la répression du vol. On pourrait encore, pour justifier en ce cas l'application de l'art. 2279, dire que l'objet a été réellement perdu par son propriétaire.

Le propriétaire, pour réussir dans sa demande en revendication, doit prouver qu'il était possesseur de l'objet au moment du vol ; il ne sera point tenu d'établir que le vol a été commis par tel individu déterminé, et encore moins de justifier que cet individu a été pour ce fait condamné par les tribunaux à une répression pénale. Il lui suffira donc de prouver qu'il a été dépouillé par une soustraction, et, cette preuve une fois faite, il a le droit de se faire remettre en possession de l'objet qui lui a été soustrait, sans être tenu d'indemniser, en lui remboursant son prix d'acquisition, l'acquéreur qui est en faute de ne s'être point informé de la moralité de son vendeur.

Le législateur a cru pourtant devoir apporter une restriction à cette dernière disposition ; réduit à opter entre le respect dû aux droits d'un propriétaire dépouillé sans aucune négligence de sa part, et la protection que réclame, dans l'intérêt du commerce, l'acquéreur de bonne foi auquel aucune faute ne peut être reprochée, il a préféré favoriser ce dernier ; dans l'art. 2280 il permet à quiconque a acheté un objet volé dans une foire, ou dans un marché, ou dans une vente publique, ou d'un marchand vendant des choses pareilles, de repousser la revendication du propriétaire, si celui-ci ne lui rembourse son prix d'acquisition et le montant de ses déboursés et dépenses ou des frais et loyaux coûts du contrat.

La jurisprudence assimile avec raison les bourses de commerce aux marchés publics ; mais elle refuse de reconnaître cette qualité aux boutiques des changeurs pour l'achat de titres au porteur (1). Il sera inutile de rechercher si un marchand a vendu un objet qui lui appartenait ou qu'il était chargé de vendre; ainsi un titre au porteur négocié à la Bourse par un agent de change, qui n'est que le mandataire de son client, arrive entre les mains de l'acheteur protégé par l'art. 2280 (2), mais celui-ci serait déchu du droit de se faire rembourser le prix, s'il ne s'était point conformé aux usages du marché où ces objets lui avaient été cédés, alors même qu'il alléguerait sa bonne foi (3).

Le propriétaire, qui ne peut reprendre sa chose qu'en indemnisant l'acquéreur du prix qu'il a payé, a un recours non-seulement contre le voleur, mais aussi contre les précédents possesseurs qui ne peuvent invoquer l'art. 2280 ; le premier acquéreur ne peut en effet se soustraire aux conséquences de sa faute en s'empressant de céder à un tiers la chose qu'il avait eu l'imprudence d'acheter ; et l'affranchir de toute responsabilité eût été encourager la transmission rapide de ces objets et rendre plus difficiles les recherches du propriétaire.

Si le possesseur actuel n'a point acheté l'objet volé dans une foire, mais directement d'un tiers non mar-

(1) Paris, 9 déc. 1839, 26 août 1864.
(2) Paris, 25 janv. 1868.
(3) Paris, 9 déc. 1839.

chand, qui s'était rendu acquéreur dans les conditions de
l'art. 2280, bien qu'il ne se trouve pas compris dans les
termes de l'art. 2279, cependant il sera indemnisé du
prix qu'il a payé, et, en effet, si on donnait la décision
contraire, ce possesseur aurait le droit de poursuivre son
vendeur en garantie, et celui-ci, protégé par l'art. 2280,
se trouverait être responsable d'une faute qu'il n'a pas
commise et pourrait recourir contre le propriétaire pour
lui réclamer le prix de la chose qu'il lui a indirectement
payé et qu'il ne lui devait pas. M. Marcadé (1) fait remarquer que dans ce cas, si le prix de revente payé
par le dernier possesseur était plus élevé que le prix
d'acquisition payé par son vendeur, le propriétaire ne
devra restituer que le prix qui a été payé dans la foire
ou le marché public, car il n'est débiteur que de ce
prix (2).

En un mot, nous dirons qu'en cas de transmissions
successives, le possesseur actuel peut réclamer du propriétaire qui l'évince le remboursement imposé par
l'art. 2280, mais dans la limite de l'action personnelle qu'il
pourrait intenter lui-même contre ses propres auteurs.

Lorsque l'objet volé aura passé entre les mains de plusieurs acquéreurs successifs qui ne peuvent invoquer
l'art. 2280, et qu'il arrivera en la possession d'un dernier acquéreur se trouvant dans un des cas prévus par
cet article, le propriétaire, forcé de rembourser à celui-ci
son prix d'achat, pourra poursuivre indistinctement cha-

(1) Sur l'art. 2279, V.
(2) Cass., 9 avr. 1861.

cun des vendeurs précédents, jusqu'à ce qu'il soit indemnisé, et alors que plusieurs d'entre eux seraient insolvables.

Dans le cas où l'objet volé aurait été vendu par l'en-
tremise d'un agent de change, celui-ci sera responsable
envers le propriétaire et tenu de l'indemniser du prix
qu'il a dû être remboursé, pourvu toutefois qu'il ait reçu
signification du vol et opposition à la transmission de ces
titres volés (1).

Le créancier gagiste, possédant de bonne foi un objet
volé qui lui a été remis en gage, pourra invoquer
l'art. 2280, toutes les fois que cet objet aura été acheté
dans une foire ou marché public, mais, dans les autres
cas, il sera tenu de restituer l'objet, sans pouvoir réclamer d'indemnité. Une exception à ce dernier principe a
été introduite dans notre très-ancien droit par une ordonnance du roi Jean, du mois de mars 1360 (art. 12),
en faveur des monts-de-piété, et se trouve reproduite
dans la plupart des règlements spéciaux sur cette matière ; elle consiste à ne permettre au propriétaire la revendication des objets engagés dans les monts-de-piété,
qu'à charge par lui de payer tant en principal qu'intérêts et droits la somme prêtée sur gage, à la condition
toutefois que les règlements relatifs à l'engagement aient
été observés et qu'ils disposent d'une manière formelle
que les objets ne seront restitués qu'en payant la somme
prêtée (2).

---

(1) Paris, 25 janv. 1868.
(2) Art. 70, *Réglem. du mont-de-piété de Paris,* du 8 therm. an XIII.

La décision de l'art. 2280 est complétement étrangère à la revendication immobilière, et le revendiquant ne pourra être tenu de restituer le prix d'acquisition au possesseur condamné à délaisser un immeuble qu'il avait acheté par voie d'adjudication publique.

La prescription triennale, dont parle l'art. 2279, n'est ni une prescription acquisitive, puisqu'elle n'exige point une possession continuée pendant un certain temps déterminé, et qu'elle consolide la propriété sur la tête du dernier possesseur, quelque courte qu'ait été la durée de sa possession ; ni une prescription libératoire, puisqu'elle rend nécessaire un acte de possession. Nous dirons donc qu'il y a ici une prescription *sui generis*, espèce de déchéance attachée et à une prise de possession et à l'expiration d'un délai, dont le point de départ n'est pas la prise de possession de celui qui deviendra propriétaire, mais la dépossession de l'ancien possesseur, de celui qui cessera de l'être, et qui court, alors même que la chose serait restée entre les mains du voleur. Le législateur, tout en voulant laisser au propriétaire le temps nécessaire à ses recherches, a dû, dans l'intérêt du commerce, fixer un délai invariable, passé lequel aucune revendication ne pourrait plus troubler les contrats commerciaux et faire naître ces recours multipliés et successifs, si nuisibles à la facile circulation des biens. Nous ne rencontrons donc pas ici une prescription semblable à l'usucapion romaine des meubles, qui, pour pouvoir être invoquée, devait réunir toutes les conditions de la prescription acquisitive, une possession ayant duré un certain temps et un juste titre. La bonne foi et le juste titre sont seuls exigés, si ce n'est par l'art. 2279, du moins par l'art. 1141.

Les voleurs et les possesseurs de mauvaise foi ne pourront devenir propriétaires que par la prescription acquisitive de trente ans. On a soutenu que le voleur serait recevable à opposer la prescription au bout de trois ans, s'il avait commis un vol simple, et au bout de dix ans, s'il avait commis un vol qualifié ; on invoque en faveur de cette doctrine les art. 637 et 638 du Code d'instruction criminelle, qui décident que la prescription de l'action civile naissant d'un délit s'accomplit par le même laps de temps que la prescription de l'action publique. Mais ces dispositions ne peuvent s'appliquer que lorsqu'il s'agit de l'action civile proprement dite, c'est-à-dire de l'action en dommage causé par le délit, et non pas lorsqu'il s'agit d'une simple demande en revendication de l'objet volé ; car, dans ce cas, le voleur, ne pouvant invoquer cette maxime : *en fait de meubles, possession vaut titre*, qui ne s'applique qu'aux possesseurs de bonne foi, sera soumis pendant trente ans aux poursuites du propriétaire. Et alors même que la preuve de la mauvaise foi nécessiterait la preuve de faits présentant tous les caractères d'un vol, nous croyons que le voleur n'en doit pas moins être condamné à la restitution de l'objet ; car, le fondement de l'action n'étant pas le fait délictueux, mais un droit préexistant de propriété, la preuve du vol n'a eu pour but que de repousser une exception.

Mais, si nous permettons la preuve du vol dans ce cas, nous ne la permettons pas dans le cas où le voleur

ne serait plus, au moment des poursuites, en possession
de l'objet volé ; ici, la responsabilité du voleur, pour la
perte de cet objet, est une des conséquences du vol, nous
ne permettrons donc pas la preuve de ce fait, car toute
action civile résultant immédiatement du vol s'éteint avec
l'action publique ; mais nous dirons, avec la jurisprudence, que si l'obligation née du délit peut être prouvée,
sans qu'aucune allusion ne soit faite au délit, si, par
exemple, la possession de mauvaise foi peut être prouvée,
indépendamment du vol, le voleur ne sera plus poursuivi, en tant que voleur, mais en tant que possesseur de
mauvaise foi, et, dès lors, son obligation sera soumise
à la prescription de trente ans. Le voleur ne serait pas
admis à repousser cette qualification, en se prévalant du
vol qu'il a commis, d'après la maxime : *nemo auditur
turpitudinem suam allegans.*

Nous devons faire remarquer que le voleur ainsi poursuivi n'encourra que la responsabilité d'un possesseur de
mauvaise foi ordinaire, et que par conséquent l'art. 1302,
interprété dans le sens rigoureux que nous lui donnons,
lui serait inapplicable.

En raison de sa nature et de son but, la prescription
triennale peut être opposée indistinctement à toute personne et notamment aux mineurs et aux interdits.

2° *Responsabilité du voleur en cas de perte.*

Le dernier alinéa de l'art. 1302 du Code Napoléon
reproduit la doctrine romaine qui considérait le voleur
comme toujours en demeure, et, de quelque manière que

la chose eût périe ou eût été perdue, imposait à celui qui l'avait soustraite l'obligation d'en restituer la valeur.

Le voleur ne pourra donc se libérer, ni en prouvant que la chose a péri sans sa faute, ni même en prouvant qu'elle aurait également péri, si elle était restée en la possession du propriétaire ; cette dernière proposition a été contestée par quelques auteurs qui, au cas où une semblable preuve aurait été fournie par le voleur, écartent l'application de l'art. 1302 ; ils s'appuient sur le principe que nul ne peut s'enrichir aux dépens d'autrui, et soutiennent qu'il serait injuste d'enrichir, aux dépens du voleur qui n'a tiré aucun profit, le propriétaire qui n'a, par suite du vol, subi aucun préjudice. Le texte de la loi nous paraît trop absolu dans ses termes pour que cette opinion puisse être admise ; on peut ajouter que le propriétaire se serait peut-être dessaisi de cet objet avant qu'il eût péri, et aurait ainsi profité du prix qu'il en aurait retiré.

Enfin Pothier, dont les idées ont été reproduites dans l'art. 1302, est très-explicite sur ce point, et, s'inspirant des principes de la *condictio furtiva* romaine et de la fiction qui y donnait naissance, tranche la question dans un sens absolu et qui ne comporte aucune distinction : « On n'entre pas, dit-il, dans l'examen, dans lequel on entre à l'égard des autres débiteurs qui sont en demeure de restituer une chose, qui est de savoir si la chose qu'ils sont en demeure de restituer fût également périe entre les mains de celui à qui elle devait être restituée, ces personnes sont trop défavorables pour qu'on doive à leur égard entrer dans cet examen. » Il est vrai que Pothier

trouve parfois sa doctrine injuste, car il ajoute, en se plaçant à un tout autre point de vue: « Si je sais que je ne
me serais pas défait de la chose qui m'a été volée et
qu'elle serait également périe entre mes mains, comme
elle est périe entre les mains du voleur, le vol ne m'ayant
causé aucun tort, je ne puis en conscience me faire payer
le prix de cette chose par le voleur, car les règles de la
charité qui nous est recommandée ne nous permettent pas
que nous puissions exiger d'eux plus que la réparation
du tort qu'ils nous ont causé (1). » Mais Pothier lui-
même n'ose pas demander pour ces préceptes de morale
et de vertu chrétienne une sanction juridique, puisqu'il
en abandonne l'observation à la conscience et aux scru-
pules de chacun.

Le montant de la restitution à laquelle devra être condamné le voleur s'élèvera à la plus haute valeur que la
chose aura atteinte depuis le vol, si toutefois cette valeur
a dépassé dans cet intervalle l'estimation de la chose au
moment du vol ; dans le cas contraire on devrait en effet
s'en tenir à la valeur de la chose à cette époque. Ces dispositions se fondent sur ce principe que le propriétaire
ne doit subir aucun préjudice par suite du vol, et qu'il
aurait pu saisir le moment où la chose avait atteint sa
valeur la plus élevée pour la vendre et en retirer un prix
élevé. Le voleur sera en outre tenu de restituer l'équiva-
lent des fruits qu'il a perçus et de tous ceux qu'il aurait
dû percevoir.

La disposition finale de l'art. 1302, pouvant être con-

(1) *De la Possession*, n°ˢ 128-129.

sidérée comme une peine infligée au voleur, ne peut être
étendue aux héritiers du coupable chez lesquels la chose
vient à périr, et qui, en cas de mauvaise foi, ne pourront
être traités que comme des possesseurs de mauvaise foi.
M. Toullier fait remarquer en faveur de cette opinion que
la loi ne parle que de *celui qui a soustrait*. Nous pouvons
invoquer ces dernières expressions pour dire que le complice par recel ne peut être assimilé au voleur, et que cette
disposition sévère de l'art. 1302 ne pourra s'appliquer
ni au délit d'abus de confiance, ni au délit d'escroquerie,
qui révèlent tous deux chez le propriétaire une certaine
négligence dont ils doivent subir les conséquences, ni enfin aux soustractions commises entre parents qui ne sont
point considérées délits par la loi. Quant au détournement
commis par le saisi, qui n'avait point été constitué dépositaire, et le donneur de gage, nous y voyons une
véritable soustraction devant tomber sous l'application de
l'art. 1302.

Quand l'art. 1302 parle de perte, il ne veut pas seulement parler de la disparition de l'objet, mais aussi du
cas où l'objet a été vendu par le voleur à un acheteur de
bonne foi protégé par la prescription triennale ou par
l'art. 2280 ; ici encore le voleur sera tenu de la valeur
la plus élevée que la chose aura atteinte depuis le vol.
Le voleur ne sera soumis, comme nous l'avons vu, à la
responsabilité de l'art. 1302, que pendant la durée de
l'action publique, pendant trois ans, si le vol est qualifié
délit ; pendant dix ans, s'il est qualifié crime ; d'ailleurs,
il sera nécessaire que celui contre lequel sera intentée
l'action civile ait été ou eût pu être condamné pour vol ;

et, dans le cas contraire, si, par exemple, l'accusé avait
été acquitté par le jury, les tribunaux civils ne pourraient
appliquer la responsabilité rigoureuse de l'art. 1302.

3° *Du divertissement ou recel commis par un héritier ou un époux commun en bien.*

Le divertissement ou le recel des biens faisant partie
d'une succession ou d'une communauté dissoute, s'il est
commis par un des cohéritiers ou par un des époux, est
soumis à une pénalité civile, déterminée par les art. 792
et 801,1460 et 1477, en outre de la répression pénale
qui, suivant les cas, peut l'atteindre. Nous nous occuperons d'abord des divertissements ou recels commis
par l'héritier, et il ne nous restera que peu de choses à
dire sur les divertissements ou recels commis par un
époux, car les mêmes principes doivent s'appliquer
dans les deux cas.

Une double déchéance frappe l'héritier coupable de
recel ou de divertissement sur les biens de la succession : il est, d'une part, malgré sa renonciation postérieure ou son acceptation sous bénéfice d'inventaire,
considéré comme ayant accepté purement et simplement,
et d'autre part, il est privé, dans les objets qu'il a divertis, de la portion à laquelle il avait droit.

Ces dispositions existaient déjà en droit romain où on
distinguait l'héritier sien et l'héritier externe; le premier
perdait, en divertissant un objet de la succession, le droit
d'abstention et devenait héritier pur et simple; le second
n'en restait pas moins étranger à la succession, et pouvait

être soumis à l'action *furti*, suivant les cas, ou au *crimen expilatæ hæreditatis* (1). Cette différence venait de ce que l'héritier sien saisi de plein droit de la succession n'avait aucune adition à faire pour être héritier, et la loi pouvait, sous forme de châtiment, considérer le divertissement comme une immixtion entraînant renonciation au bénéfice d'abstention, tandis que l'héritier externe n'était saisi de la succession que par l'adition d'hérédité, qui ne pouvait résulter que d'une manifestation évidente de volonté et non pas seulement d'un acte d'immixtion. Dans notre ancienne jurispeudence le principe de la saisine étant commun à tous les héritiers, on dut leur étendre la déchéance appliquée en droit romain aux héritiers siens.

Le législateur, en attribuant au successible la qualité d'héritier pur et simple, bien qu'il ne puisse voir dans cet acte de divertissement l'intention manifeste d'accepter purement et simplement la succession, applique néanmoins ici le principe posé dans l'art. 778 qui répute héritier pur et simple quiconque s'immisce dans les biens de la succession ; il impose, comme déchéance, une présomption d'acceptation tacite qu'il sait ne pas exister, mais contre laquelle l'héritier ne peut protester, car, pour le faire, il serait forcé d'alléguer un acte malhonnête, et par conséquent repoussé par cette maxime : *nemo auditur turpitudinem suam allegans*.

M. Demante (2) fait remarquer que, puisque l'accep-

---

(1) Loi 71, § 4, *de acquirend. vel omitt. Hæred.*, D., 29, 2.
(2) T. II, n° 113 *bis*.

tation est forcée, le coupable ne pourrait, invoquant l'art. 783, prétendre à la restitution pour cause de lésion, ce que pourrait faire un successible déclaré héritier par une tout autre immixtion.

Mais, bien que l'acceptation soit forcée, néanmoins, comme elle se rattache à la présomption de l'art. 778, elle ne peut être imposée par la loi que dans les cas où une immixtion ordinaire entraîne, par la volonté tacitement manifestée du successible, une acceptation pure et simple. Ainsi, puisque l'art. 778 ne peut s'appliquer aux actes d'immixtion d'un mineur dans les biens d'une succession, et le rendre héritier pur et simple, nous en conclurons que le mineur ne pourra être réputé héritier pur et simple par suite des divertissements ou recels dont il se sera rendu coupable.

Cette décision est contestée par de nombreux auteurs qui, invoquant la doctrine de nos anciens jurisconsultes, et faisant ressortir le caractère pénal des dispositions contenues dans l'art. 792, appliquent ici l'art. 1310, qui rend le mineur responsable de ses délits. Mais nous ne croyons pas devoir admettre une semblable opinion, et nous n'infligerons au mineur que la seconde des déchéances, le privant de sa part dans les objets divertis ou recélés. La même solution devrait être donnée à l'égard des interdits.

L'art. 792 exige que le divertissement soit postérieur à l'ouverture de l'hérédité, puisqu'il ne parle que d'héritiers et d'effets de la succession ; néanmoins, les dispositions de cet article seraient encore applicables si le divertissement avait été commis ou préparé par le futur successible, en vue de la prochaine ouverture de la succession et dans le but de spolier, non le défunt, mais ses cohéritiers; encore faudrait-il que la fraude ainsi commencée se fût continuée jusqu'après l'ouverture de l'hérédité, moment où le recel est réellement consommé.

D'autre part, la loi suppose que le divertissement est antérieur à la renonciation, car, dire que l'héritier est déchu de la faculté de renoncer, et qu'il demeure héritier, c'est nécessairement supposer qu'au moment du divertissement cette faculté de renoncer lui appartenait encore, et qu'il était encore saisi de l'hérédité. Mais alors quels seront les effets d'un recel ou d'un divertissement postérieurs à la renonciation? Ces actes pouvaient, en droit romain dans certains cas, entraîner les conséquences d'une soustraction ordinaire (1); et, dans notre ancien droit, une semblable doctrine, admise par de nombreux auteurs, était pourtant repoussée par la coutume d'Artois (art. 163) et par Muyart de Vouglans, qui s'exprimait en termes catégoriques : « Nous ne devons point distinguer, disait-il, le cas où les soustractions auraient été faites par cet héritier après sa renonciation (2). » Le texte de l'art. 792 semblerait donner raison à cette doctrine absolue, lorsqu'il dit : « Nonobstant toute renonciation, » ce qui paraîtrait faire allusion à une renonciation antérieurement faite.

Néanmoins, nous pensons que le Code n'a point voulu déroger à une règle constante en droit romain, et presque

(1) Loi 71, § 9, *de acq. vel omitt. Hæred.*, D., 29, 2.
(2) *Lois crim.*, p. 284.

universellement admise dans notre ancien droit, et qu'il n'a voulu parler que d'une renonciation postérieure.

Une doctrine mixte, soutenue dans notre ancien droit par Dargentré (1), et reproduite de nos jours par quelques auteurs, estime que le détournement postérieur peut détruire l'effet d'une renonciation, toutes les fois que la renonciation n'a été qu'un moyen de recéler plus impunément, et qu'elle a eu pour but de mieux faciliter ou de dissimuler le recel. Mais cette opinion, quelque équitable qu'elle puisse paraître, est trop arbitraire et trop contraire aux termes absolus de l'art. 792 pour que nous puissions l'admettre.

Cependant, si les autres cohéritiers n'avaient pas encore accepté la succession, il faudra considérer comme non avenue la renonciation faite à un moment où, d'après l'art. 790, combiné avec l'art. 778, elle pouvait encore être révoquée par un fait d'immixtion. D'ailleurs, l'héritier lui-même ne peut se prévaloir de sa déchéance et, se faisant un titre de son propre délit, devenir héritier pur et simple contre le gré des parties intéressées; ainsi, si l'héritier renonce après s'être rendu coupable de divertissement ou de recel, ses cohéritiers peuvent se contenter de la restitution à la masse des objets divertis ou recelés. De même, si l'héritier se rend coupable de ces actes après avoir renoncé, mais avant l'acceptation de ses cohéritiers, ceux-ci pourront se prévaloir de la renonciation antérieure.

Il peut arriver que les créanciers de la succession ne

(1) Art. 445, gloss. 3.

soient pas d'accord avec les autres héritiers ou que les
héritiers eux-mêmes ne le soient pas entre eux, sur la
question de savoir s'ils doivent ou non considérer la renonciation comme nulle et non avenue. Quelques auteurs
croient que dans ce cas la réclamation de ceux qui de-
mandent l'application pure et simple de la loi doit seule
prévaloir et que l'héritier coupable doit être réputé héritier pur et simple (1). Nous admettrons au contraire que
chacun des cohéritiers, ayant un droit égal, pourra attri-
buer à l'héritier coupable la qualité qu'il lui plaira de
choisir. Quant aux créanciers, la question peut difficilement s'élever ; car, ils ont toujours intérêt à ce que la
succession soit acceptée purement et simplement.

Une condition essentielle pour que l'art. 792 reçoive
son application, est que celui qui a diverti ou recélé ait
eu l'intention frauduleuse de nuire à ses cohéritiers ou
aux créanciers de la succession, en les privant d'objets
qui devaient leur appartenir. Mais que faut-il entendre
par ce mot divertissement ? Est-il nécessaire que cet acte
remplisse toutes les conditions exigées par la loi pénale,
pour constituer un vol proprement dit, et qu'il présente
tous les caractères d'un délit ? Le législateur nous paraît
avoir employé une expression très-large, dans le but d'atteindre toutes les soustractions accomplies de mauvaise foi,
dans l'intention de porter préjudice aux héritiers ou aux
créanciers ; aussi dirons-nous que le détournement commis entre parents prévu par l'art. 380, sur les biens
d'une succession dont ils sont les cohéritiers, donnera
lieu à l'application de l'art. **792.**

(1) Demolombe, t. XIV, n° 495.

Si l'expression divertissement implique une idée de soustraction, nous croyons que la loi en parlant des recels a voulu comprendre tous les actes de rétention frauduleuse, et étendre sa pénalité civile au cas, où un héritier ayant reçu des dons manuels, des donations déguisées ou non dispensées de rapport, porte atteinte, en ne les faisant pas connaître, à l'égalité des partages (1).

Les art. 792 et 801 nous paraissent devoir s'appliquer aussi contre l'héritier qui, ayant contracté une dette envers le défunt, omet frauduleusement de la déclarer.

Puisque nous considérons l'art. 792 comme un cas d'application de l'art. 778, nous dirons que l'héritier qui a diverti ou recélé des objets qu'il croyait appartenir à la succession, et qui en fait ne lui appartenaient pas, sera néanmoins considéré comme héritier pur et simple ; mais il ne pourra être tenu de la seconde déchéance prononcée par l'art. 792.

Nous reproduirons, malgré le silence de la loi actuelle, un principe généralement admis dans notre ancien droit, qui excuse l'héritier coupable alors qu'il a remis spontanément, avant toute poursuite ou découverte de la fraude, les effets qu'il avait divertis. Si on objecte qu'une semblable disposition est une dérogation aux principes de la loi pénale, et la violation d'un droit acquis par les héritiers ou créanciers, nous répondrons que nous ne sommes pas ici en matière pénale et que la loi peut considérer le divertissement, comme n'étant définitivement

(1) Montpellier, 31 août 1865. En sens contr., 6 et 13 nov. 1855.

consommé qu'au moment où la fraude est reconnue et poursuivie par les parties intéressées (1).

Une seconde peine infligée par l'art. 792 prive l'héritier coupable de sa part dans les objets divertis, elle atteint non-seulement le divertissement qui, d'un héritier voulant renoncer ou ayant accepté bénéficiairement, fait un héritier pur et simple, mais aussi celui qui est commis par un héritier ayant accepté purement et simplement et ne pouvant encourir que cette seconde pénalité.

Si l'héritier n'avait aucun cohéritier, il ne pourrait être privé de sa part dans les objets divertis, car cette peine n'aurait plus ici sa raison d'être, puisque son but principal est de dédommager les héritiers du tort qui aurait pu leur être causé.

Les termes généraux dans lesquels est conçu l'art. 792 refusent à l'héritier coupable toute part, non-seulement dans les objets divertis auxquels il avait droit en sa qualité d'héritier, mais même dans ceux qui devaient lui appartenir en tant que légataire ou donataire. Cette disposition sévère recevra rarement son application, car l'héritier en agissant ainsi sera le plus souvent de bonne foi.

L'héritier privé de sa part dans les objets recélés ou divertis doit-il rester chargé des dettes comme s'il profitait de ces effets, en un mot, les autres cohéritiers doivent-ils recevoir franche et quitte la part de l'héritier coupable? M. Troplong, s'appuyant sur ce que le passif doit suivre l'actif, soutient que chaque héritier est tenu

(1) Demolombe, t. XIV n° 480.

13

de contribuer aux dettes dans la proportion de l'actif qu'il reçoit, et décharge l'héritier coupable du passif qui grevait sa part dans l'objet qu'il avait enlevé. Cette opinion nous paraît peu conforme au principe, d'après lequel la contribution aux dettes se calcule sur la vocation héréditaire de chacun des héritiers, et non sur la portion qui revient à chacun d'eux nette de tout prélèvement ou payement de legs. Nous ajouterons, avec M. Demolombe (1), que cette pénalité étant fondée sur la loi du talion, et destinée à infliger au coupable le tort que ce dernier voulait faire subir, comme celui-ci a voulu, en détournant un objet, se l'approprier franc et quitte de toute dette, il est juste qu'il abandonne à ses cohéritiers la part qui lui revenait dans cet objet libre du passif qui le grevait.

La restitution des objets divertis, étant plutôt une indemnité pour les risques de perte courus par les autres cohéritiers qu'une répression pénale, devra être imposée aux héritiers de l'héritier coupable, alors même qu'elle n'aurait point été prononcée ou même découverte du vivant de celui-ci (2).

Un héritier de l'héritier s'expose aux mêmes déchéances que l'héritier lui-même, s'il recèle des objets de la succession, mais il sera seul privé de sa part dans les objets divertis, s'il est seul coupable.

Puisque nous avons admis que le divertissement commis par l'héritier pouvait donner lieu à une répression

(1) T. XIV, n° 500.
(2) Cass., 4 déc. 1844.

pénale, nous dirons que l'action civile tendant à priver le coupable de sa part dans les objets divertis, devra se prescrire par le même laps de temps que l'action publique, car nous pouvons considérer cette action comme une action en indemnité résultant d'un délit. D'ailleurs, les cohéritiers peuvent renoncer à cette action en restitution ; et la jurisprudence a décidé tout récemment qu'ils ne sont pas présumés le faire, par cela seul qu'au moment du partage, connaissant le divertissement commis par l'un d'entre eux, ils n'ont point provoqué l'application de l'art. 792 (1).

Les pénalités de l'art. 1460 et 1477, infligées à la femme commune qui a diverti ou recélé des effets de communauté après sa dissolution, se fondent sur les mêmes motifs que la déchéance de l'héritier, et doivent par conséquent être soumises aux principes que nous venons d'exposer, et qu'il est inutile de reproduire. Il nous reste à examiner quelques règles spéciales à cette matière.

Ce divertissement entraîne vis-à-vis de la femme une double déchéance, déchéance du droit qu'elle avait de n'être tenue que jusqu'à concurrence de son émolument et de la faculté de renoncer; elle est en outre privée de sa part dans les objets divertis ou recélés. Cette seconde peine peut seule s'appliquer au divertissement commis par le mari, puisque celui-ci est déjà, d'après les principes généraux, déchu de la faculté de renoncer.

Les objets divertis doivent faire partie de la communauté, et s'ils appartenaient en propre à l'un des époux,

_____

(1) Cass., 17 avril 1867.

leur soustraction ne pourrait donner lieu qu'à des répara-
tions civiles (art. 380 du Code pénal). Mais il ne serait
pas nécessaire que le divertissement eût eu lieu après la
dissolution de la communauté, car le mari a pu faire des
ventes simulées et frauduleuses, colluder avec des tiers
pour diminuer la part de la femme et s'enrichir à ses dépens au moyen de dettes fictives, et, s'il ne rend compte
de toutes ces opérations après la dissolution de la communauté, il se rend coupable de recel.

La renonciation de la femme ne sera point réputée non
avenue, si postérieurement elle s'est rendue coupable de
divertissement ; cette solution, que nous avons donnée à
l'égard de l'héritier, est encore plus vivement contestée
dans le cas qui nous occupe. M. Battur fait valoir, dans
l'intérêt de l'opinion contraire, que, le Code pénal n'infligeant aucune peine à la soustraction commise par la
veuve, on doit y suppléer, pour ne pas laisser impuni un
fait immoral, en lui appliquant la pénalité civile.

L'époux qui a diverti est privé de tous les biens auxquels
il avait droit, en qualité d'héritier comme en qualité de
légataire et de donataire, et l'époux fraudé prélèvera les
objets recélés francs et quittes de toute dette. Cependant,
si la communauté, déduction faite des objets recélés, était
insuffisante pour assurer à la femme le paiement de ses
remplois, ces objets devront rester dans la masse et par-
faire le prélèvement auquel a droit l'époux recéleur (1).

L'art. 1460 nous paraît applicable à la femme séparée
de corps ou de bien. Si la loi ne parle que de la veuve dans

(1) Cass., 10 janv. 1865.

cet article, c'est qu'elle n'a pas cru nécessaire de prévoir les autres cas, où les divertissements par la femme seront très-rares, le mari restant possesseur et gardien des biens de la communauté. Nous ajouterons que l'art. 1477, plus général, comprend tous ces cas.

La déchéance infligée à l'héritier ou à l'époux commun en bien ne peut atteindre l'associé coupable de divertissement ou de recel d'effets appartenant à la société, car cette pénalité ne peut être étendue qu'en vertu d'un texte précis, et l'art. 1872 du Code Napoléon ne renvoie au titre des successions que pour ce qui concerne les règles du partage, comprises dans le chapitre VI, et ne parle pas du chapitre V, qui contient l'art. 792 (1).

(1) Cass., 28 août 1865.

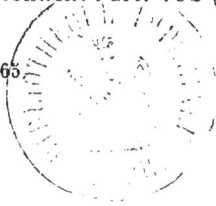

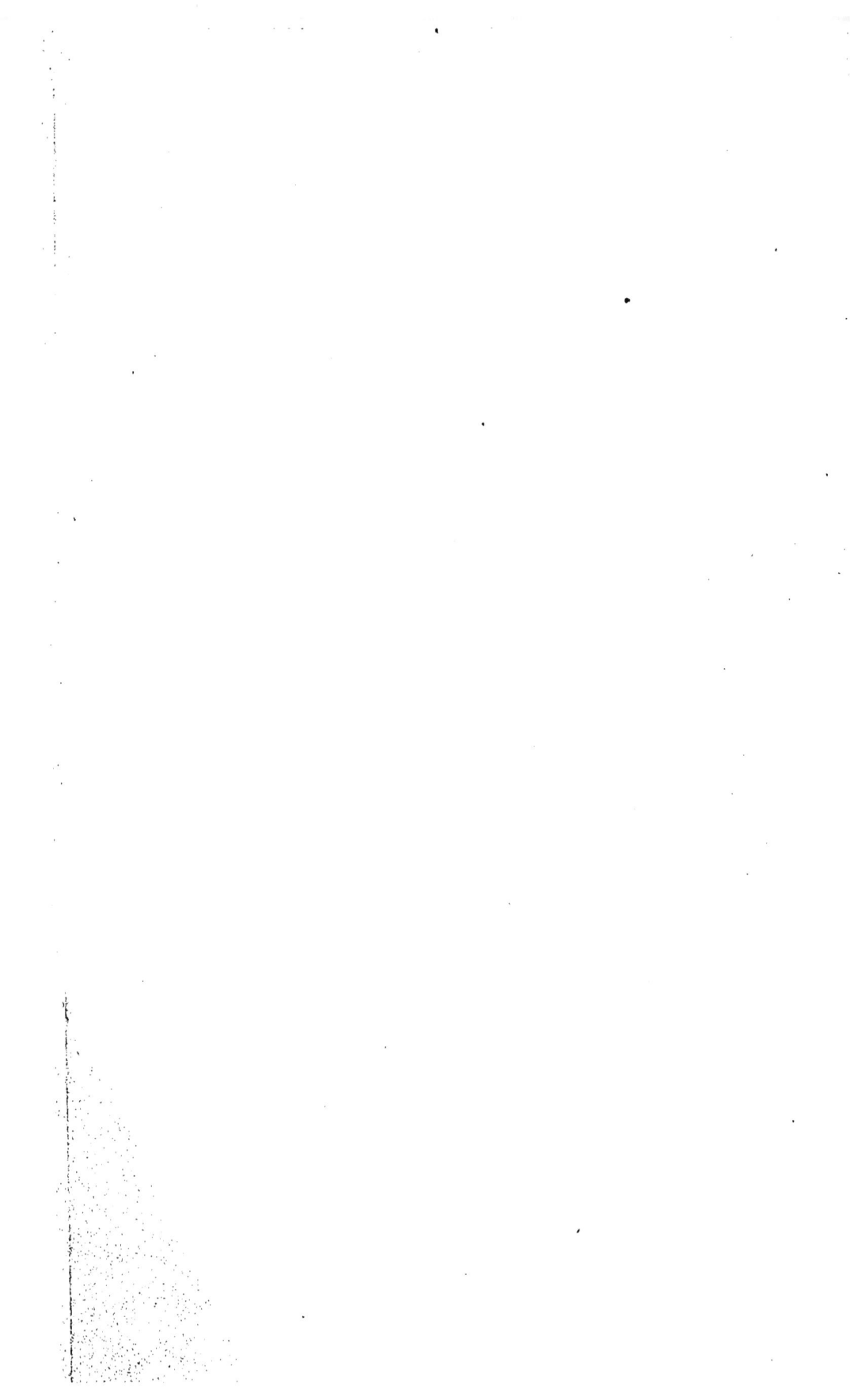

TABLE DES MATIÈRES

DROIT ROMAIN

DROIT FRANÇAIS

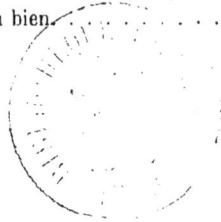

www.ingramcontent.com/pod-product-compliance
Lightning Source LLC
Chambersburg PA
CBHW060527210326
41519CB00014B/3153